Sonja Brockers

Zehn-Minuten-KUNSTIDEEN

Klasse 1/2

40 Angebote für zwischendurch

Verlag an der Ruhr

Impressum

TITEL
Zehn-Minuten-Kunstideen – Klasse 1/2
40 Angebote für zwischendurch

AUTORIN
Sonja Brockers

UMSCHLAGMOTIVE
Illustration © Sonja Brockers, Hintergrund-Aquarell © Alex – stock.adobe.com

ABBILDUNGEN
Hintergrund-Aquarell © Alex – stock.adobe.com
Wenn nicht anders angegeben © Sonja Brockers

DRUCK
AZ Druck und Datentechnik GmbH

Verlag an der Ruhr
Mülheim an der Ruhr
www.verlagruhr.de

Geeignet für die Klassen 1–2

ISBN 978-3-8346-4908-9

Inhaltsverzeichnis

Vorwort

WARUM DIESES BUCH?

Im Unterricht findet sich oft die Situation, dass ein Kind schon mit seinen Aufgaben fertig ist und das andere noch nicht. Oder die ganze Klasse ist fertig, es bleibt aber noch eine minimale Restzeit bis zum Stundenschluss.
Für diese kleinen Zwischenzeiten finden sich hier viele kunstvolle Ideen, diese kreativ und spaßig zu verbringen.
Meist reicht ein Stift und ein Blatt und schon kann die Kunstpause losgehen.

ZUM AUFBAU DES BUCHES

Das Buch ist unterteilt in zwei Kapitel.
Das erste Kapitel beinhaltet 20 Kunstideen, die nur mit Stift und Blatt direkt umsetzbar sind.
Die 20 Kunstideen in Kapitel 2 erfordern minimal mehr Material und eventuell etwas Vorbereitung.
Alle Kunstideen sind so konzipiert, dass sie in maximal 10 Minuten umsetzbar sind. Es gibt aber auch immer ein paar Ideen, die weiterführen, falls man noch Lust und Zeit hat.
Viele Bilder und etwas Text zeigen schnell und einfach, was man braucht, wie es geht und wo es hinführen könnte.

FÜR WEN DAS BUCH GEDACHT IST

Die Ideen in diesem Buch sind eigentlich angedacht für Kinder der ersten und zweiten Klasse.
Grundsätzlich sind sie aber auch für ältere Kinder interessant, da die meisten Kunstideen nicht in richtig oder falsch ausgeführt werden können.
Es gibt viele variable und kreative Ausführungsmöglichkeiten, die alle Altersstufen ansprechen.

MATERIAL

Die meisten Kunstideen wurden so ausgewählt, dass jedes Kind das erforderliche Material schon mit dem Federmäppchen bei sich hat.
Einige wenige erfordern etwas zusätzliches Material. Es wurde aber darauf geachtet, dass dieses Material entweder in der Klasse vorhanden, wertfrei oder sehr günstig ist.

Der Verlag an der Ruhr legt großen Wert auf eine geschlechtergerechte und inklusive Sprache. Daher nutzen wir das Gendersternchen, um sowohl männliche und weibliche als auch nichtbinäre Geschlechtsidentitäten einzuschließen.
Alternativ verwenden wir neutrale Formulierungen.

Übersichtstabelle über alle 40 Kunstangebote

1 LINIENVOGEL

2 HANDTIER

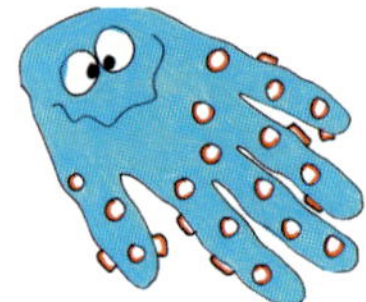

3 ZUFALLSFIGUR

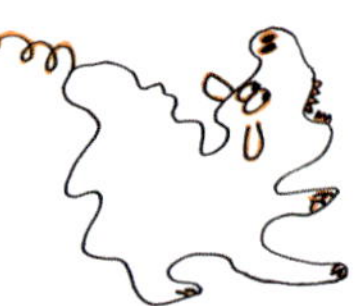

4 EI ODER KÜKEN?

5 PUNKTE-EXPLOSION

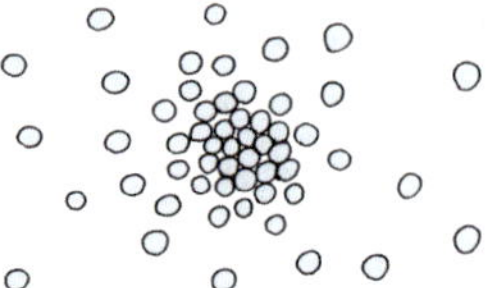

6 TUNNELBLICK

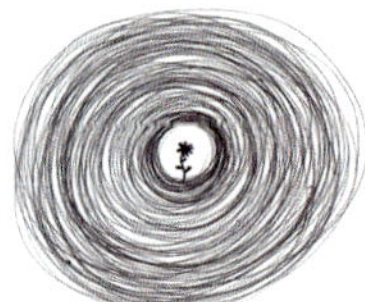

7 SMILEY-FIGUREN

8 GITTERFIGUR

9 KRICKELBLUMEN

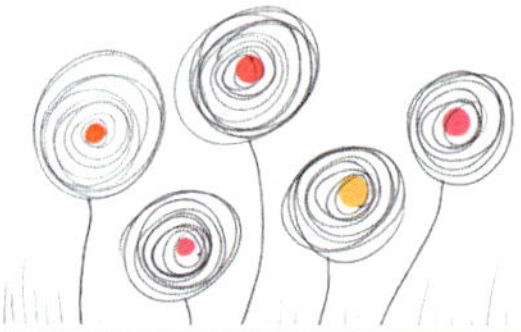

10 KRITZELN ZU MUSIK

11 SPINNENTIER

12 GEDANKEN-EXPLOSION

13 REGENWURM

14 LICHTSTRAHLEN

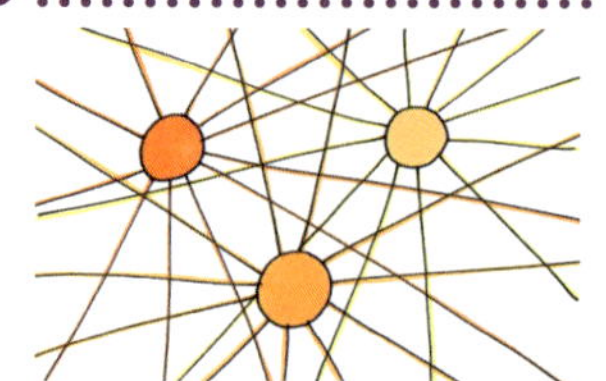

15 EINE-LINIE-BILD

16 COMIC-FISCH

17 KRAKE

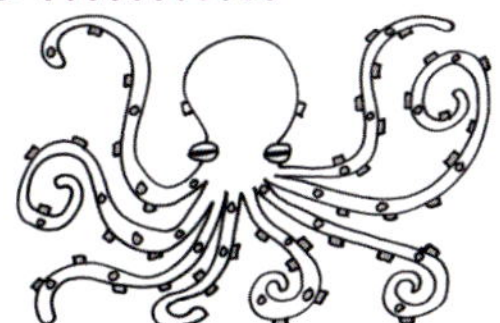

18 KRITZELSCHAF

19 HIN UND HER

20 RÜCKENZEICHNEN

21 KUNSTBLUMEN

22 HANDDRUCKWESEN

23 GEORDNETES CHAOS

24 STEINTIERE

25 SONNENBLUME

26 STEINWÜRMCHEN

27 WATTESCHAF

28 3D-BILD

Übersichtstabelle über alle 40 Kunstangebote

29 FINGERABDRUCK- TIERCHEN

30 BLÄTTERABDRUCK-FROTTAGE

31 BLÄTTERWESEN

32 DRAHTFIGUREN

33 STEINHERZEN

34 FARBFLECKEN

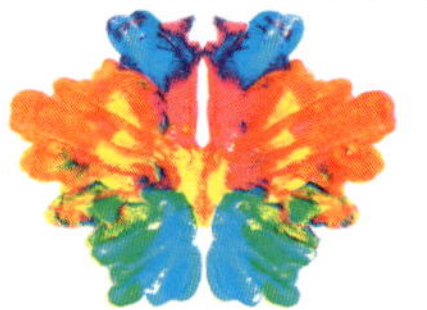

35 GRAFFITI-SCHRIFT

36 SANDBILD

37 KOHLEZEICHNUNG

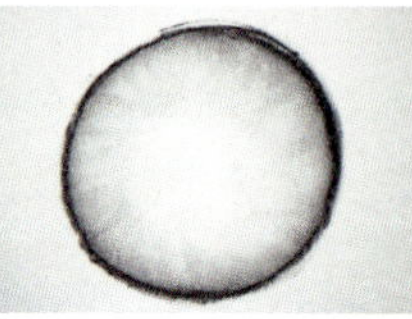

38 BLUMENWIESE

39 GESPENSTERCHEN

40 WORTSPIEL

AUSMALBILD ENTWERFEN

PUZZLEBILD

Mit Blatt & Stift ...

Linienvogel ...

DAFÜR BRAUCHT IHR

- ◯ ein Blatt Papier
- ◯ einen schwarzen Stift (z. B. Filzstift, Permanent-Marker)
- ◯ bunte Stifte (z. B. Buntstifte, Filzstifte, Textmarker)

SO GEHT ES

Zeichnet zunächst zwei Kreise für die Augen. Dann zieht eine Linie unter die Kreise, als ob ihr sie unterstreichen wollt. An diese Linie zeichnet ihr noch eine Zacke, sodass ein Dreieck entsteht. Das ist der Schnabel.

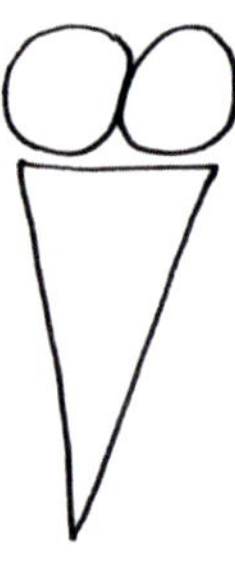

In die Kreise malt ihr zwei Punkte. Das sind die Pupillen. Besonders lebendig wirken die Augen, wenn man in der Pupille einen kleinen Punkt weiß lässt.

Dann braucht der Schnabel noch zwei Luftlöcher. Zeichnet dafür einfach zwei kleine Striche ganz oben in den Schnabel.

… Zeichnen und Malen auf Papier

Nun zieht rund um den Schnabel und die Augen Linien, die von innen nach außen laufen.

Malt noch mehr Linien in verschiedenen Farben, sodass nach und nach der Eindruck entsteht, ein Vogel würde aus seinem flauschigen Flederkleid zu euch schauen.

Gebt dem Schnabel noch eine Farbe und fertig ist der Linienvogel.

VARIANTE

Ihr könnt den Vogel auch begrenzen, indem ihr die Linien nur in einem begrenzten Kreis um den Schnabel und die Augen malt. Zeichnet ihm dann noch zwei lange Linien als Beine und vier Linien als Füße dazu.

Handtier …

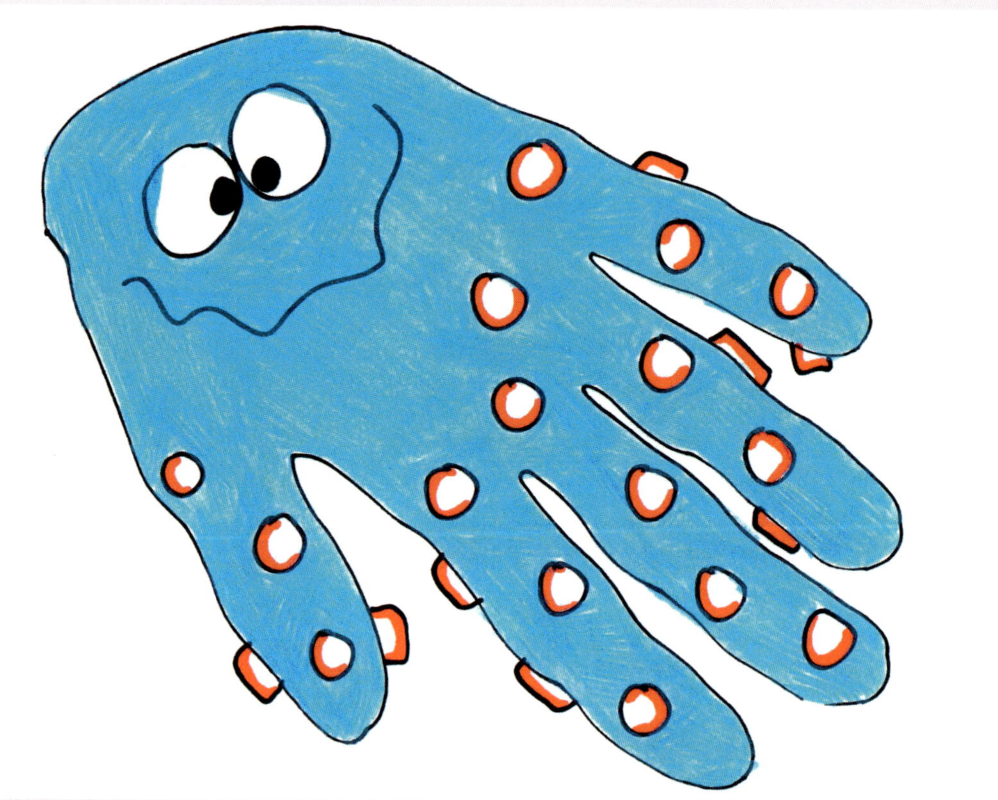

DAFÜR BRAUCHT IHR

- ◯ ein Blatt Papier
- ◯ einen schwarzen Stift (z. B. Filzstift, Permanent-Marker)
- ◯ eure Hand
- ◯ bunte Stifte (z. B. Buntstifte, Filzstifte)

SO GEHT ES

Legt eure Hand auf das Blatt und zeichnet die Außenlinien mit dem schwarzen Stift nach. Nun könnt ihr die gezeichnete Hand drehen und wenden – was für ein Tier seht ihr in der Form?

Für einen lustigen Comic-Kraken schließt das offene Stück am Handgelenk mit einer gebogenen Linie und malt ihm große Augen und einen Mund.

Nun könnt ihr dem Kraken noch Saugnäpfe zeichnen. Von vorn sehen sie aus wie Kreise, von der Seite wie Kästchen. Wenn ihr Zeit habt, malt das Handtier noch an.

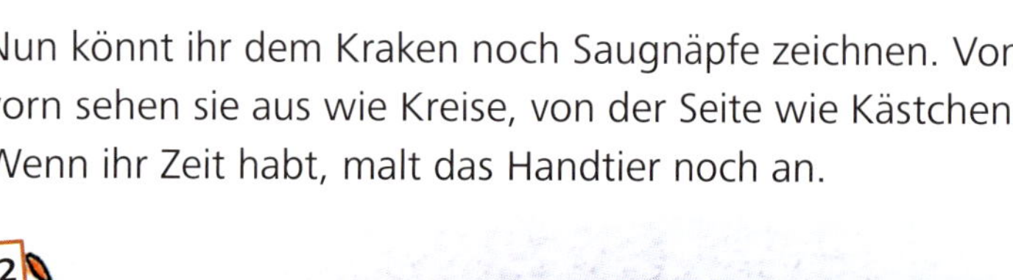

... Zeichnen und Malen auf Papier

Zeichnet eure Hand in verschiedenen Positionen nach.
Ihr könnt die Finger weit spreizen oder mal ein paar Finger fest zusammendrücken.

Was für Tiere oder Wesen könnt ihr erkennen?

Vielleicht einen Drachen? Einen Hund?

Seht ihr den Hahn? Könnt ihr auch das Pferd erkennen?

Vielleicht findet ihr noch weitere Tiere, die sich aus eurer Handzeichnung zeichnen lassen.

Zufallsfigur ...

DAFÜR BRAUCHT IHR

- ein Blatt Papier
- einen schwarzen Stift (z. B. Filzstift, Permanent-Marker)
- evtl. bunte Stifte (z. B. Buntstifte, Textmarker)

SO GEHT ES

Zeichnet eine Zufallsform, indem ihr irgendwo auf dem Blatt anfangt, den Stift zeichnen lasst und wieder dort endet, wo ihr angefangen habt.

TIPP

Zeichnet nicht zu kompliziert und nicht zu viel. Bei einer einfachen Form finden sich die meisten Zufallstiere.

Nun schaut die Zeichnung an. Was könnt ihr sehen?
Ihr könnt hineinzeichnen, dazuzeichnen, das Blatt drehen.
Wie viele Zufallsfiguren findet ihr?

... Zeichnen auf Papier

Seht ihr den Drachen?

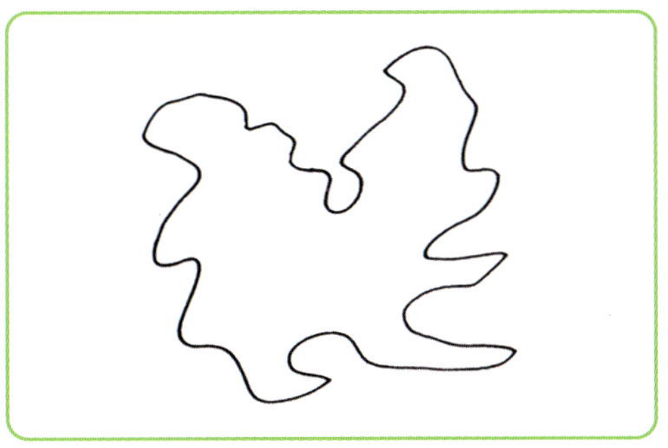

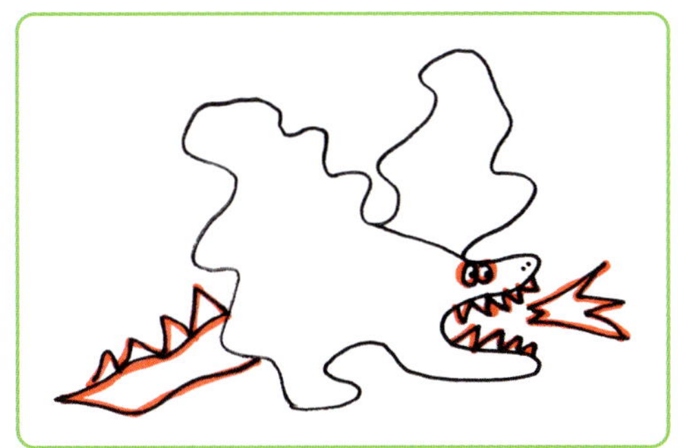

Könnt ihr den Hund sehen?

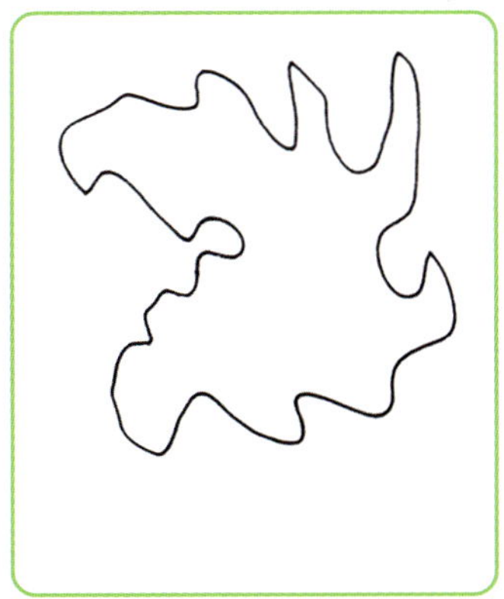

Habt ihr das Gesicht gefunden?

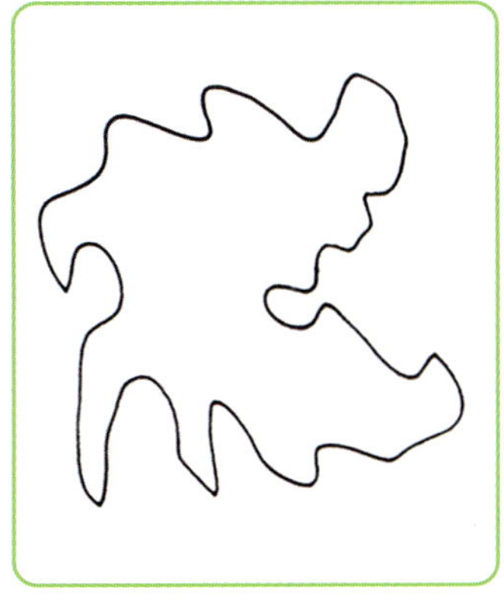

Ein fliegendes Ungeheuer hat sich auch versteckt.

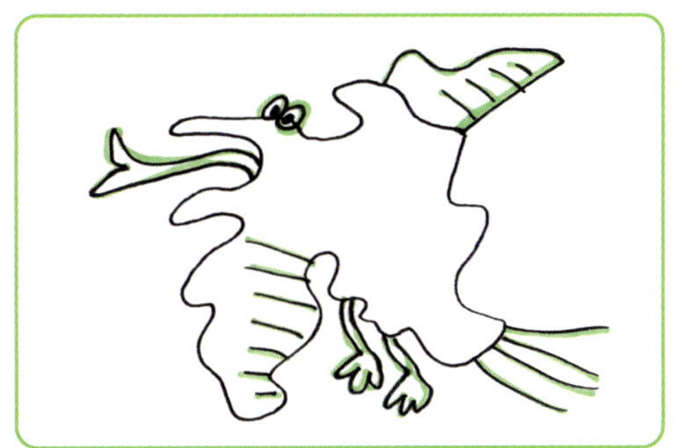

Ei oder Küken ...

DAFÜR BRAUCHT IHR

- ○ ein Blatt Papier
- ○ einen schwarzen Stift (z. B. Filzstift, Permanent-Marker)
- ○ evtl. bunte Stifte (z. B. Buntstifte, Textmarker)

SO GEHT ES

Zeichnet zunächst ein Ei.

Nun bekommt das Ei eine Zacke in die Richtung, in die das Küken schauen soll. Zeichnet noch einen Strich in die Zacke und fertig ist der Schnabel.

Zwei Kreise mit zwei Punkten ergeben die Augen. Zeichnet ein Auge außerhalb und ein Auge innerhalb des Eies, dicht beieinander. Dann sieht es aus, als säße der Schnabel dazwischen.

Je nachdem, wohin ihr die Punkte für die Pupille malt, schaut das Küken in andere Richtungen.

… Zeichnen und Malen auf Papier

Als Nächstes kommen der Kopfschmuck und der Flügel. Dafür zeichnet einfach mehrere Bögen aneinander wie kleine Wölkchen – für den Kopfschmuck oben am Ei und für den Flügel im Ei.

Eigentlich hat ein Küken noch keinen Hahnenkamm, aber es ist auch ein Kunst-Küken.

Nun kommen noch die Beine.
Zeichnet zwei Striche für die Beine und dann jeweils drei Krallen nach vorn und eine nach hinten.

Wenn ihr noch Zeit habt, könnt ihr das Küken bunt bemalen.

VARIANTE

Ihr könnt das Küken auch von vorn darstellen.

Zeichnet für den Schnabel ein Dreieck mit der Spitze nach unten in das Ei und Augen direkt darüber. Die Flügel sitzen links und rechts. Zum Schluss kommen noch der Kopfschmuck und die Beine.

Fertig ist das Küken von vorn.

VARIANTE FÜR EIN WENIG MEHR ZEIT

Zeichnet ein Blatt voller Eier. Nun entscheidet: Welches Küken ist schon geschlüpft? Welches Ei bricht gerade auf? Schaut ein Küken nach rechts? Nach links? Steht es da oder fliegt es? Wen schaut es an?

5 Punkte-Explosion ...

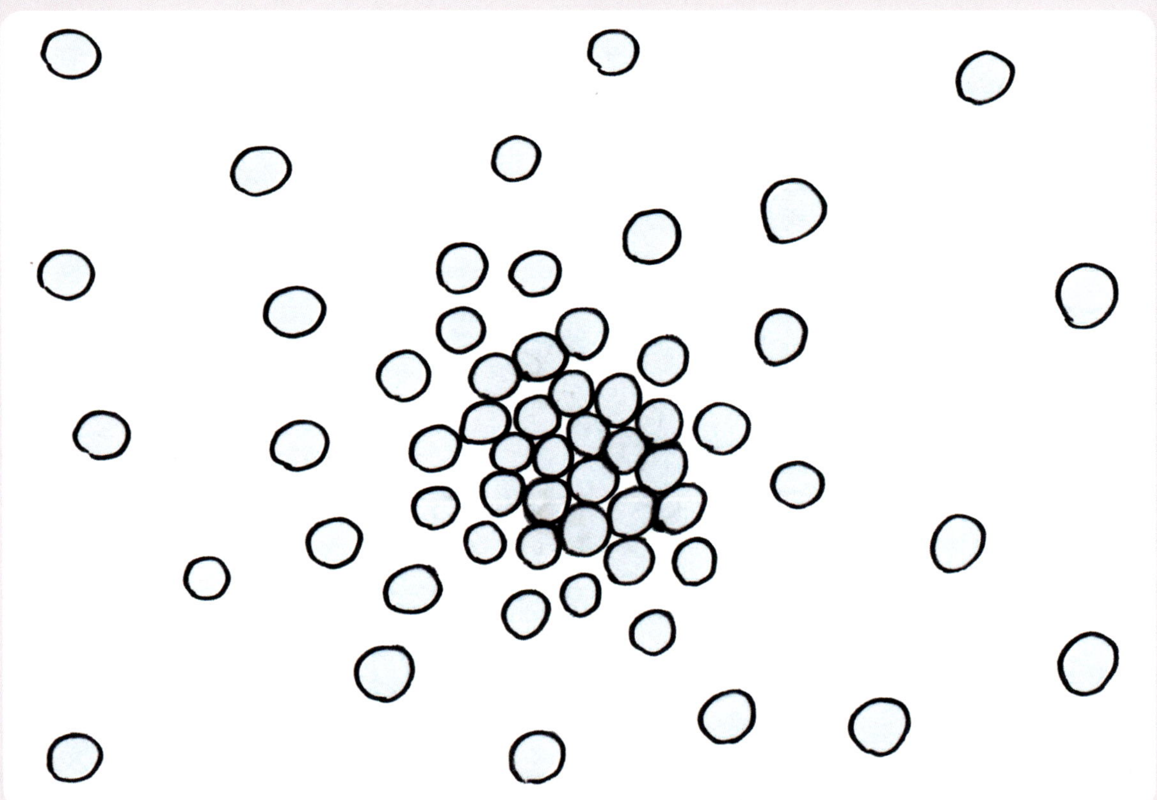

DAFÜR BRAUCHT IHR

- ein Blatt Papier
- einen schwarzen Stift (z. B. Filzstift, Permanent-Marker)
- bunte Stifte (z. B. Buntstifte, Textmarker)

SO GEHT ES

Fangt in der Mitte an und zeichnet ungefähr zehn Kreise, die sich berühren.

Dann zeichnet weitere Kreise um die Mitte herum. Achtet darauf, dass die Kreise etwas Abstand zu den anderen haben.

Je weiter die Kreise von der Mitte entfernt sind, desto größer wird der Abstand zu den anderen Kreisen.

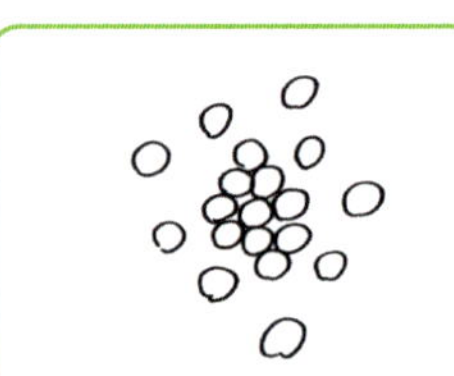

Malt die Kreise anschließend noch aus. Auf diese Weise erschafft ihr die Illusion einer kleinen Punkte-Explosion aus der Mitte heraus.

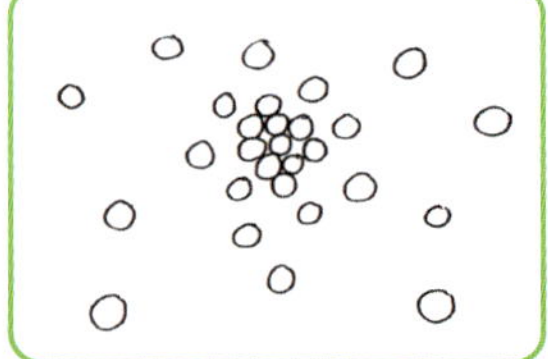

VARIANTE

Ihr könnt den Raum der Punkte-Explosion begrenzen. Zeichnet zum Beispiel einen Becher und an dessen Boden die zusammenklebenden Punkte.

Die nächsten Punkte steigen mit Abstand langsam aus dem Becher hoch und fliegen dann weg.

Nun sieht es aus wie ein sprudeliges Getränk, das prickelt.

VARIANTEN FÜR EIN WENIG MEHR ZEIT

Ihr könnt den Punkten einen Sinn geben, indem ihr festlegt, was sie darstellen.
Stellt euch vor, es sind lauter Käfer, die auseinanderlaufen.
Oder ist es eine Versammlung, die sich auflöst?
Zeichnet den Punkten eine Nase und Augen, vielleicht ein paar Haare und fertig sind die Menschen, auf die man von oben herabschaut.

Zeichnet die aneinanderklebenden Punkte an eine Seite des Blattes und lasst sie zur anderen Seite hin auseinanderstreben.

Mit kleinen Schlaufen und ein paar Strichen sind es Luftballons, die wegfliegen.

Tunnelblick ...

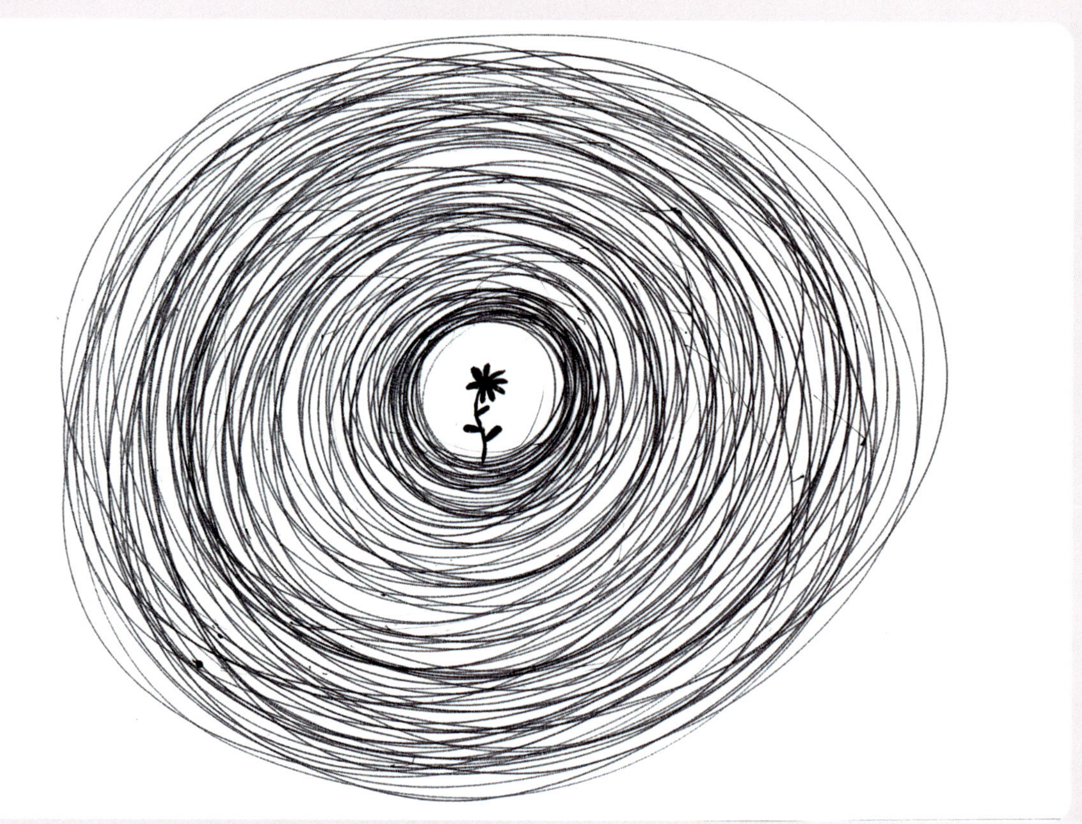

DAFÜR BRAUCHT IHR

- ein Blatt Papier
- einen schwarzen Stift (z. B. Filzstift, Kugelschreiber)
- evtl. bunte Stifte (z. B. Buntstifte, Filzstifte)

SO GEHT ES

Der Tunnel ist eine Spirale, die ihr zeichnet, ohne abzusetzen. Beginnt dafür in der Mitte und fahrt mit dem Stift immer wieder denselben Kreis um eine freigelassene Mitte herum. Wenn die Linie schon recht dunkel geworden ist, fangt an, die Kreise größer werden zu lassen. Bewegt den Stift immer weiter im Kreis, bis ihr mit eurem Tunnel zufrieden seid. Dann könnt ihr absetzen.

Nun überlegt, was ihr an das Ende eures Tunnels zeichnet. Da es ein dunkler Tunnel ist, an dessen Ausgang das Licht leuchtet, erscheint das Etwas am Ende nur als schwarze Silhouette. Das bedeutet, man sieht nur die Umrisse, die schwarz ausgemalt werden.

... Zeichnen auf Papier

VARIANTEN FÜR EIN WENIG MEHR ZEIT

Malt den schwarzen Tunnel mit bunten Stiften nach.
Auch dafür beginnt ihr in der Mitte und fahrt mit dem Stift langsam nach außen.

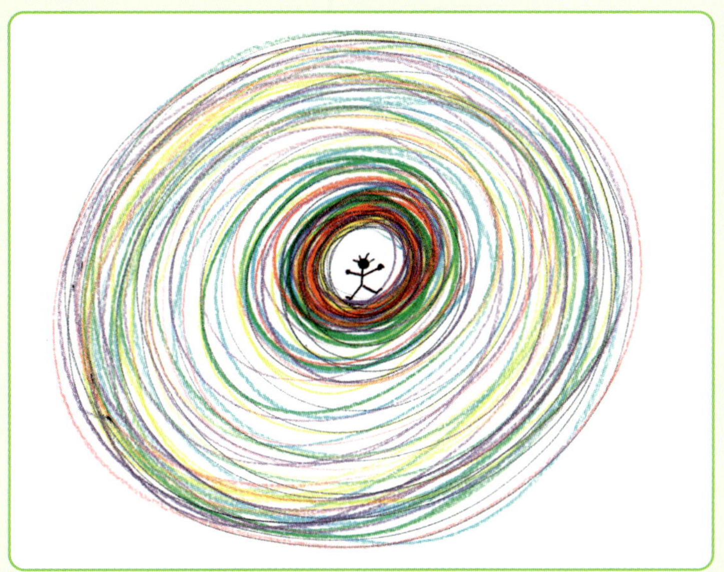

Etwas schwieriger ist es, den Tunnel viereckig zu malen.

Das Prinzip bleibt gleich, nur das man immer wieder im Viereck malt.

Smiley-Figuren ...

DAFÜR BRAUCHT IHR

- ein Blatt Papier
- einen schwarzen Stift (z. B. Filzstift, Permanent-Marker)
- bunte Stifte (z. B. Buntstifte, Filzstifte)

SO GEHT ES

Zeichnet zunächst einen Kreis. In den Kreis kommen die Augen und der Mund des Smileys.

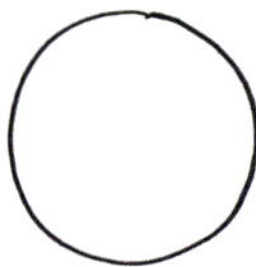

Für die Augen zeichnet zwei Kreise und in die Kreise jeweils einen Punkt für die Pupille. Der Smiley schaut immer in die Richtung, in die ihr die Punkte malt. Setzt ihr diese zum Beispiel weit nach rechts, schaut der Smiley nach rechts.

... Zeichnen auf Papier

Je nachdem, was für einen Mund ihr zeichnet, schaut der Smiley fröhlich, zufrieden, belustigt, bekümmert, traurig oder nachdenklich.

Nun könnt ihr eine Figur daraus machen, indem ihr dem Smiley Beine, Füße, Arme und Hände zeichnet.
Zieht dafür einfach gerade Striche für Beine und Arme an den Smiley und längliche Ballons als Füße und Hände.

Zuletzt braucht der Smiley noch eine Frisur. Am lustigsten sieht es aus, wenn ihr nur sehr wenige Haare zeichnet.

Nun könnt ihr eure Smiley-Figur noch farbig ausmalen.

VARIANTE FÜR EIN WENIG MEHR ZEIT

Zeichnet doch mal ein ganzes Bild mit Smileys, die alle miteinander kommunizieren.
Wer schaut wen an?
Wer findet wen toll?

Gitterfigur ...

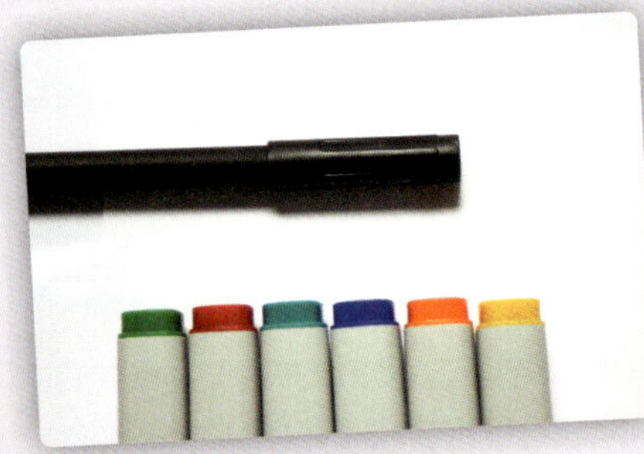

DAFÜR BRAUCHT IHR

- ein Blatt Papier
- einen schwarzen Stift (z. B. Filzstift, Permanent-Marker)
- bunte Stifte (z. B. Filzstifte, Textmarker)

SO GEHT ES

Zeichnet zunächst Linien auf euer Blatt, von einer Seite zur anderen.

Danach zeichnet ihr Linien von oben nach unten, sodass ein Gitter entsteht.

Überlegt euch eine einfache Figur wie ein Ei, einen Kreis, ein Herz oder ein Viereck. Zeichnet diese Form in das Gitter.

Dann versucht, nur die Kästchen auszumalen, die eure Form einschließt.

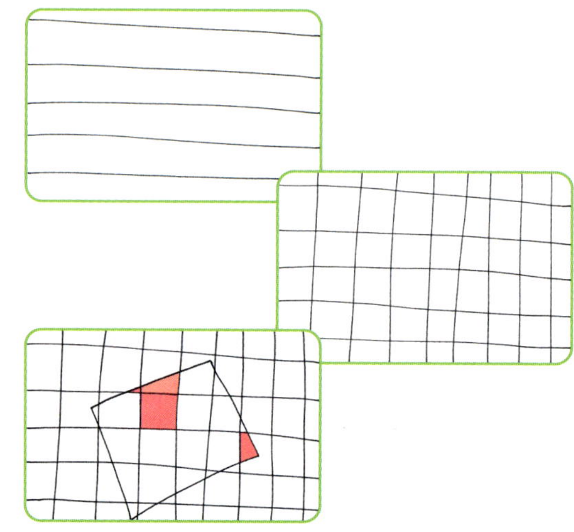

VARIANTEN FÜR EIN WENIG MEHR ZEIT

Ihr könnt die geraden Linien auch wellig zeichnen.

Die von euch gewählte Form könnt ihr natürlich auch häufiger in das Gitter malen.

Wenn ihr gerne ausmalt, könnt ihr alle Kästchen anmalen.

Dann solltet ihr nur darauf achten, dass die Kästchen innerhalb eurer Form andere Farben bekommen als die Kästchen außerhalb der Form.

Krickelblumen ...

DAFÜR BRAUCHT IHR

- ◯ ein Blatt Papier
- ◯ einen schwarzen Stift (z. B. Filzstift, Kugelschreiber)
- ◯ bunte Stifte (z. B. Buntstifte, Textmarker, Filzstifte)

SO GEHT ES

Malt ein paar bunte Punkte auf euer Blatt. Platziert die Punkte dort, wo der Mittelpunkt jeder Blüte sein soll.

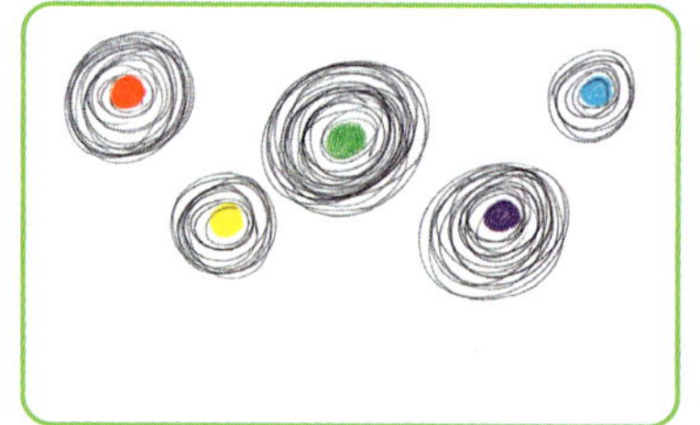

Nun krickelt mit dem schwarzen Stift einfach immer wieder kreisförmig um jeden Punkt herum.

Zeichnet dann an jede Krickelblüte einen Stiel und weitere Linien, die Gras darstellen, dazu. Fertig ist die Krickelblumenwiese.

VARIANTE

Gebt den Blumen Farbe, indem ihr mit einem bunten Stift das Schwarz-Gekrickelte noch mal übermalt.

Ihr könnt die Blumen auch mal unordentlich krickeln. Dafür beginnt mit dem schwarzen Stift, krickelt wild die Blüten, dann einen Stiel und etwas Gras. Malt alles mit unterschiedlichen Farben an.

TIPP

Das „Unordentliche“ wirkt sofort etwas geordneter, wenn ihr einen Rahmen um das Bild zeichnet.

10 Kritzeln zu Musik ...

DAFÜR BRAUCHT IHR

- ein Musikstück (z. B. CD, MP3)
- einen oder zwei Bleistifte
- evtl. bunte Wachsmalstifte
- evtl. Abklebeband

SO GEHT ES

Sucht euch ein Musikstück aus – am besten eines ohne Text oder mit einem Text, den man nicht versteht. Nun konzentriert euch auf das Blatt und kritzelt einfach mit der Musik drauflos.
Es gibt mehrere Möglichkeiten:

- Malt mit einem Stift – dann hält die andere Hand das Blatt.
- Malt mit zwei Stiften, jede Hand hält einen Stift – dann empfiehlt sich, das Blatt mit Kreppband am Tisch festzukleben.
- Malt mit zwei Stiften und geschlossenen Augen, dann empfehlen sich Wachsmalstifte und ein großes Blatt.

Kritzelt einfach mit der Musik. Ist sie leise, seid ihr langsam, ist sie schnell oder laut, kritzelt wild – ganz wie ihr mögt.

… Kritzeln auf Papier

Zum einen ist es ein tolles Erlebnis, vor allem mit geschlossenen Augen, wild zur Musik zu kritzeln. Zum anderen lässt sich aus diesen Bildern nachher auch eine Collage machen.

Die Kritzelbilder lassen sich auch gut als Rahmen für andere Bilder benutzen.

Spinnentier ...

DAFÜR BRAUCHT IHR

- ein Blatt Papier
- einen schwarzen Stift (z. B. Filzstift, Permanent-Marker)
- bunte Stifte (z. B. Filzstifte, Buntstifte)

SO GEHT ES

Zeichnet zunächst einen Kreis für den Körper und dann einen zweiten Kreis in den ersten hinein. Das wird der Kopf.
Nun zeichnet zwei Kreise in den Kopf – das werden die Augen – und dort hinein zwei Punkte für die Pupillen. Eine gebogene Linie wird der Mund.
Soll das Spinnentier Fühler bekommen, zeichnet zwei gebogene Linien an den Kopf. Besonders sieht es aus, wenn die Fühler in zwei kleinen Pünktchen enden.
Nun braucht die Spinne Beine, vier auf jeder Seite. Zeichnet dafür jeweils vier gebogene Linien rechts und links an den Körper.
Auch diese Linien können in Punkten enden, so bekommt die Spinne Füße.
Als Letztes zeichnet den Faden ein, an dem sich die Spinne herunterhangelt.
Nun könnt ihr euer Spinnentier noch farbig gestalten.

... Zeichnen auf Papier

TIPP

Ihr könnt die Spinnen zum Beispiel auf selbstklebende Notizzettel malen und dann auf einem großen Blatt zusammenkleben. Ergänzt den Spinnenfaden bis zum oberen Rand des großen Blattes.

VARIANTEN FÜR EIN WENIG MEHR ZEIT

Zeichnet eine ganze Spinnenfamilie und malt sie nachher noch aus.

TIPP

Auf ähnliche Weise können auch lustige Käfer entstehen. Käfer haben sechs Beine und vielleicht noch Flügel.

12 Gedanken-Explosion …

DAFÜR BRAUCHT IHR

- ○ ein Blatt Papier
- ○ einen schwarzen Stift (z. B. Filzstift, Permanent-Marker)
- ○ bunte Stifte (z. B. Buntstife, Filzstifte, Textmarker)

SO GEHT ES

Zeichnet zunächst ein kleines Figürchen.

Einen Punkt für den Kopf.

Ein Oval für den Körper.

Verbindet Kopf und Körper mit einem Strich.
Das ist der Hals.

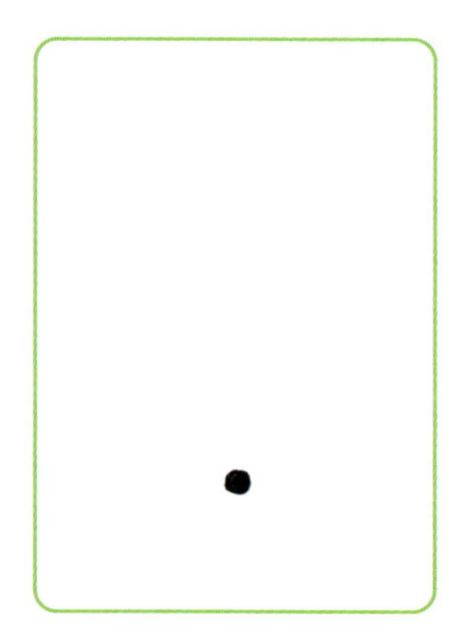

... Zeichnen und Malen auf Papier

Zeichnet nun zwei Striche für die Beine und längliche Ballons für die Füße.

Nun kommen noch zwei Striche für die Arme hinzu und längliche Ballons für die Hände.

Dann zeichnet, was in eurem Kopf so steckt. Habt ihr wilde Gedanken oder sehr geordnete?
Habt ihr schwarz-weiße Gedanken oder sind sie bunt? Drehen sich eure Ideen im Kreis oder schießen sie einfach so weg? Denkt ihr an Dinge oder einfach in Formen?

Es gibt keine Regeln, stellt euch einfach vor, all eure Gedanken und Ideen würden aus eurem Kopf sprudeln und sichtbar werden.

13 Regenwurm …

DAFÜR BRAUCHT IHR

- ein Blatt Papier
- einen schwarzen Stift (z. B. Filzstift, Permanent-Marker)
- bunte Stifte (z. B. Filzstifte, Textmarker)

SO GEHT ES

Beginnt mit dem Kopf, zeichnet eine kleine, offene Blase.

Zeichnet dann eine wellige Linie an die untere Linie des Kopfes.

Zieht nun diese Linie parallel zurück bis zum Kopf, so entsteht die Form des Regenwurms.

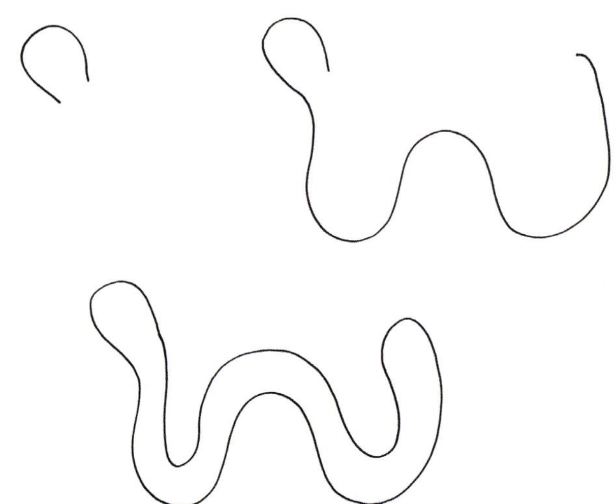

... Zeichnen und Malen auf Papier

Für die Augen zeichnet zwei Kreise in den Kopf und in jeden Kreis einen Punkt für die Pupille. Je nachdem, wohin ihr die Pupille zeichnet, schaut der Regenwurm in eine andere Richtung.

Für den Mund zieht eine gebogene Linie unter die Augen. Je nachdem, wie ihr die Mund-Linie zieht, sieht der Wurm fröhlich, nachdenklich, traurig oder glücklich aus.

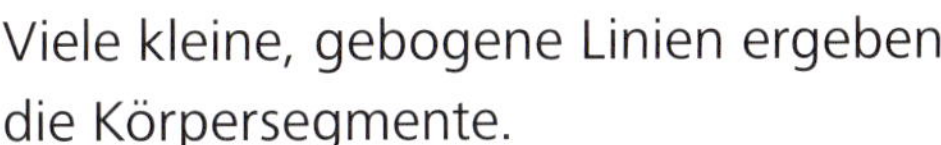

Viele kleine, gebogene Linien ergeben die Körpersegmente.

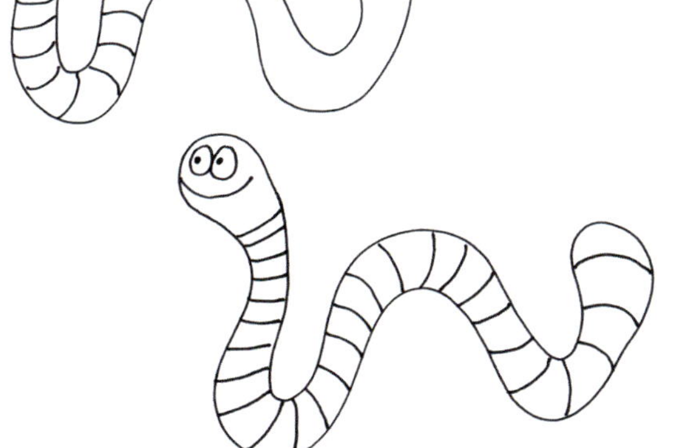

Fertig ist der Regenwurm.

TIPP

Kreiert euren eigenen Kunstwurm, indem ihr ihn kunterbunt anmalt. Ihr könnt ihm auch Eigenheiten, wie zum Beispiel Wimpern zeichnen.

VARIANTEN FÜR EIN WENIG MEHR ZEIT

- Wer malt den längsten Regenwurm?
- Wer malt den buntesten Regenwurm?
- Wer malt den lustigsten Regenwurm?

Lasst euch verschiedene Kriterien einfallen.

Lichtstrahlen ...

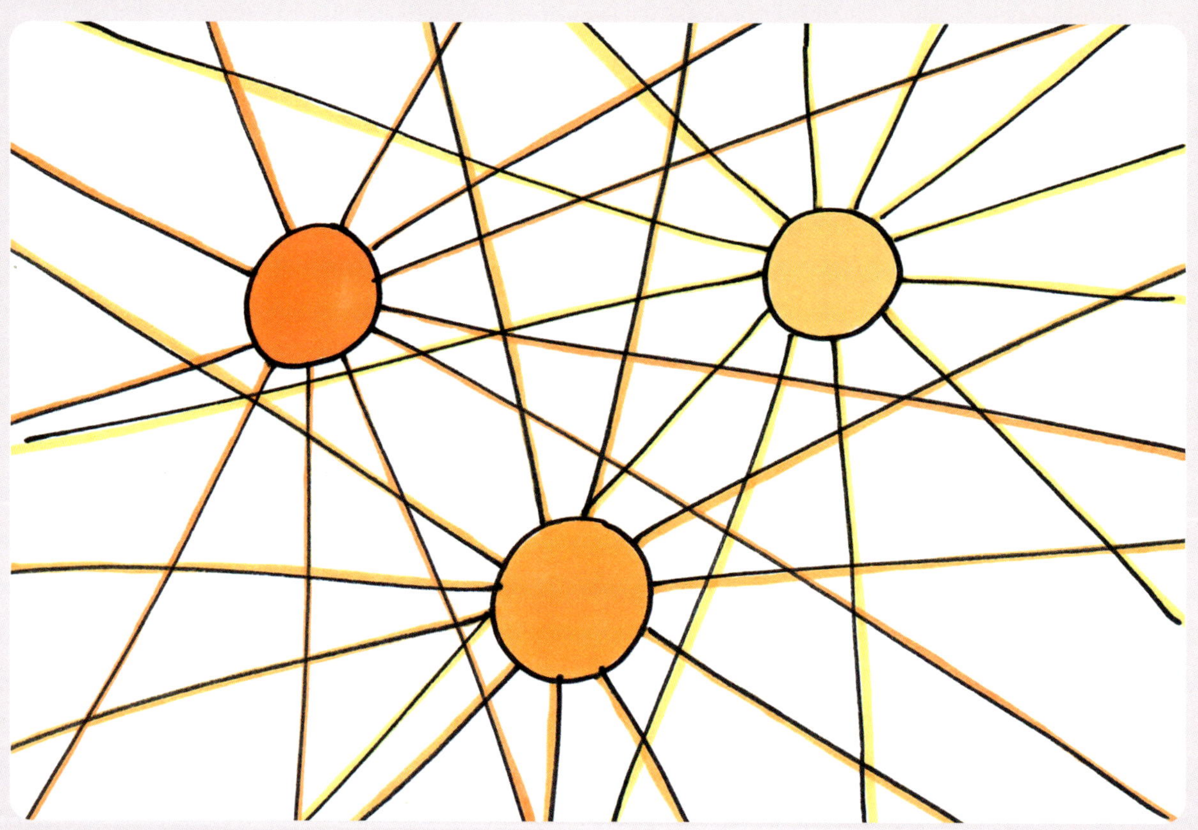

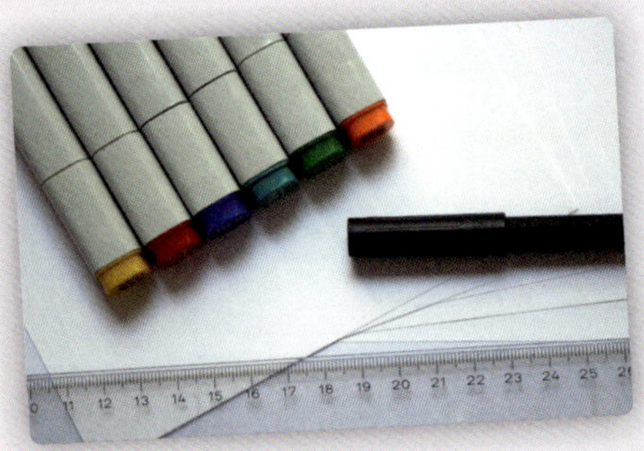

DAFÜR BRAUCHT IHR

- ◯ ein Blatt Papier
- ◯ einen schwarzen Stift (z. B. Filzstift, Permanent-Marker)
- ◯ bunte Stifte (z. B. Filzstifte, Buntstifte)
- ◯ evtl. ein Lineal

SO GEHT ES

Zeichnet zwei Kreise auf ein Blatt.

Zeichnet nun an den ersten Kreis gerade Linien wie Lichtstrahlen. Achtet darauf, den anderen Kreis nicht zu treffen. Ihr könnt das per Hand machen oder das Lineal benutzen.

Zeichnet dann an den zweiten Kreis Strahlen und versucht auch hier, den ersten Kreis nicht zu treffen.

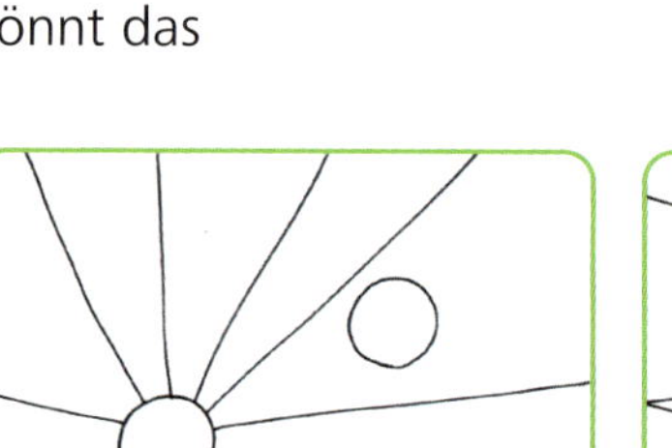

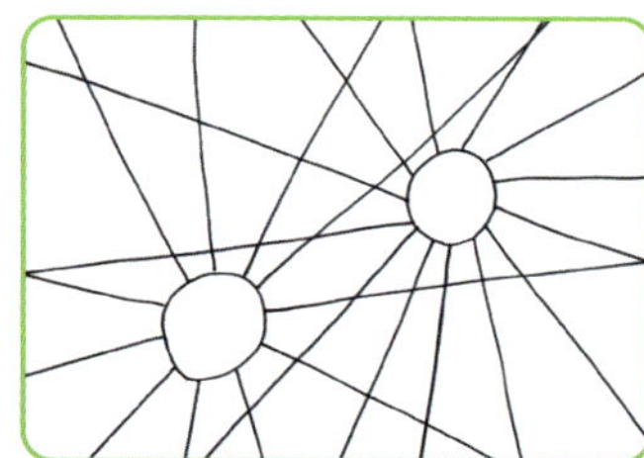

Nun könnt ihr eure zwei Lichtstrahler ausmalen und mit der Farbe auch die Strahlen nachziehen.

VARIANTEN FÜR EIN WENIG MEHR ZEIT

Ihr könnt so viele Lichtpunkte und Strahlen malen, wie ihr möchtet.
Wie viele Lichtstrahler passen auf euer Bild?

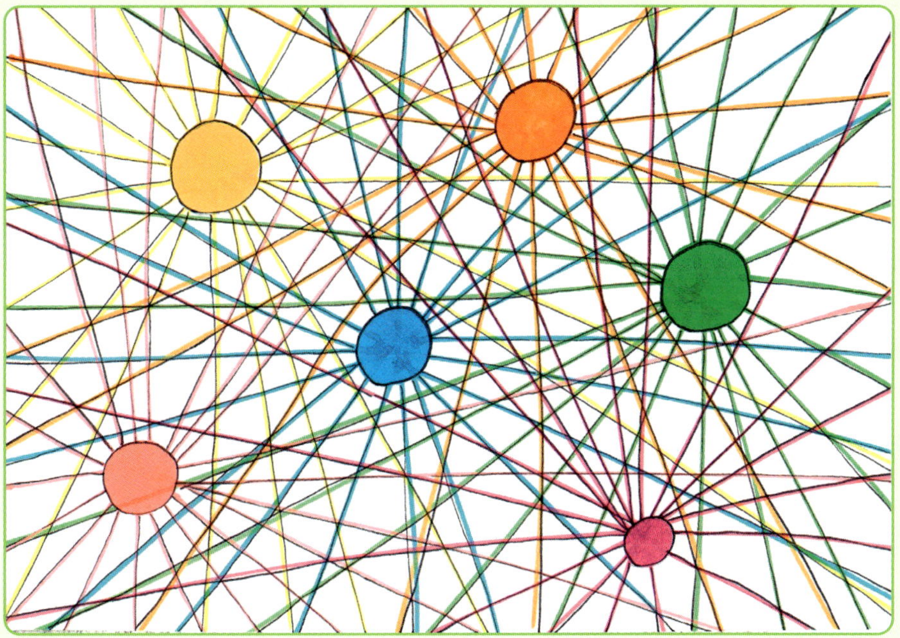

Statt die Lichtstrahlen mit Farbe nachzuziehen, könnt ihr auch die sich ergebenden Felder ausmalen und so ein Bild aus Formen schaffen.

Eine-Linie-Bild …

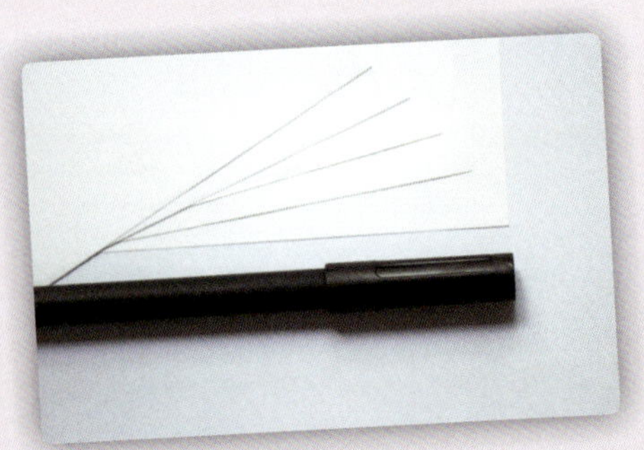

DAFÜR BRAUCHT IHR

- ein Blatt Papier
- einen schwarzen Stift (z. B. Filzstift, Permanent-Marker)

SO GEHT ES

Die Idee ist einfach. Denkt euch etwas aus, das ihr malen möchtet, und versucht, den Stift nicht abzusetzen, bis es fertig ist.

Ein Beispiel dafür ist das „Haus vom Nikolaus".

... Zeichnen auf Papier

Versucht es am Anfang mit einfachen Motiven, wie zum Beispiel einer Blume.

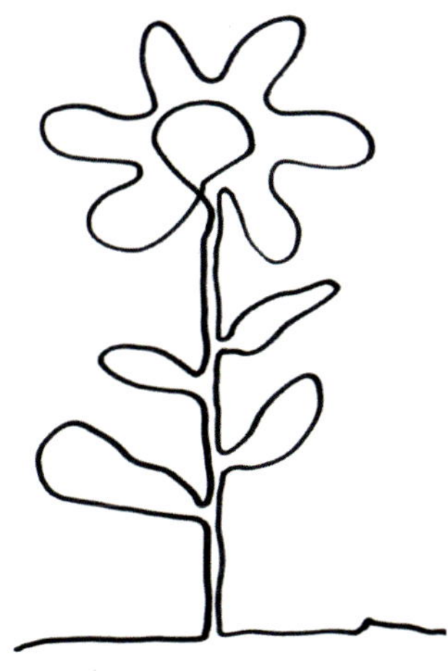

Beginnt für die Blume am Boden, lasst die Blume wachsen und versucht am Ende, wieder zum Boden zurückzukehren.

Versucht mal, ein Tier zu zeichnen. Es darf auch ein Fantasietier sein.

VARIANTE FÜR EIN WENIG MEHR ZEIT

Mit ein wenig Übung könnt ihr mal versuchen, ein ganzes Bild mit nur einem Strich zu zeichnen. Fangt dafür an einer Seite an mit dem Ziel, auf der anderen Seite zu enden.

16 Comic-Fisch ...

DAFÜR BRAUCHT IHR

- ein Blatt Papier
- einen schwarzen Stift (z. B. Filzstift, Permanent-Marker)
- bunte Stifte (z. B. Buntstifte, Filzstifte)

SO GEHT ES

Folgt einfach der Malanleitung auf der folgenden Seite. Stück für Stück setzt sich der kleine Comic-Fisch zusammen. In der Anleitung gibt es eine Flossenart, ein bestimmtes Augenpaar und einen lachenden Mund, aber natürlich könnt ihr da sehr kreativ sein. Versucht, die Pupillen an verschiedene Stellen zu setzen. Zeichnet dem Fisch verschiedene Muster, unterschiedliche Münder, einen großen oder kleinen Schwanz. Kreiert euren ganz eigenen Fisch.

... Zeichnen und Malen auf Papier

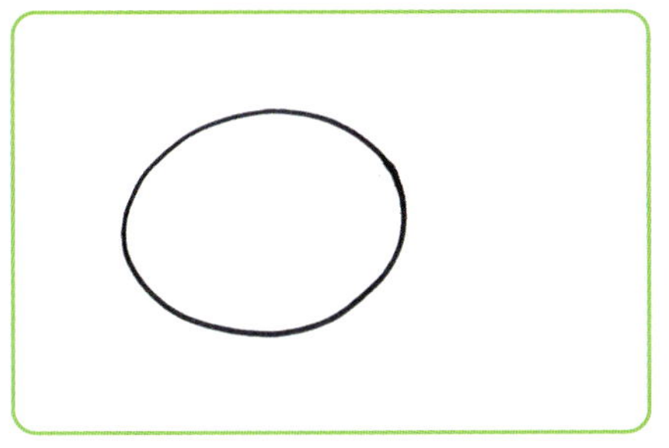
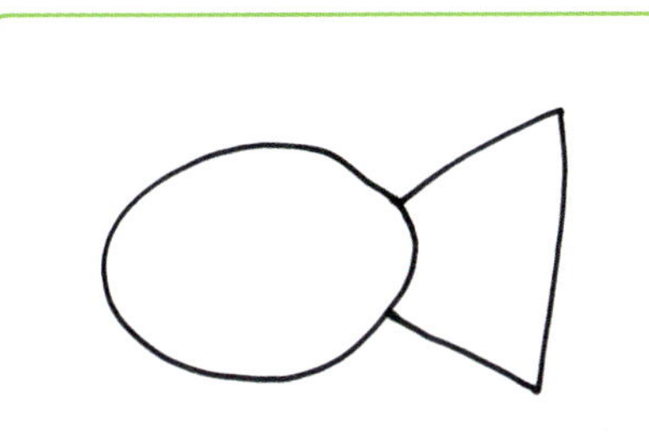
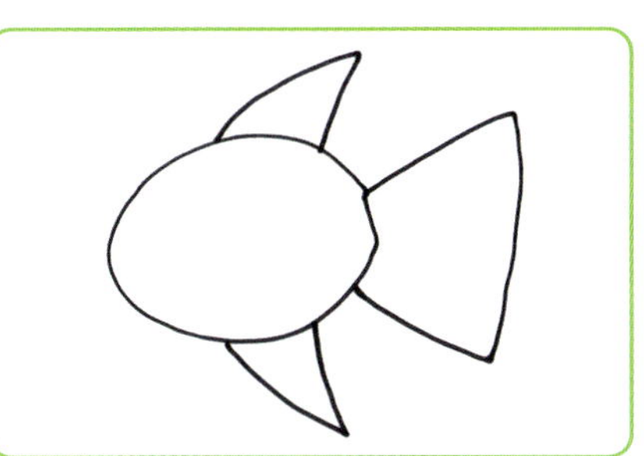

Zum Schluss könnt ihr dem Fisch Besonderheiten geben: ein paar Muster, vielleicht eine Angel, etwas Farbe.

TIPP

Malt die Umrisse eines Aquariums auf ein großes Blatt.
Jedes Kind zeichnet einen Fisch auf einen kleinen, selbstklebenden Notizzettel.
Nun könnt ihr nach und nach euer Aquarium mit lustigen Fischen füllen.

Krake …

DAFÜR BRAUCHT IHR

- ein Blatt Papier
- einen Bleistift
- einen schwarzen Stift (z. B. Filzstift, Permanent-Marker)
- bunte Stifte (z. B. Buntstifte, Textmarker)

SO GEHT ES

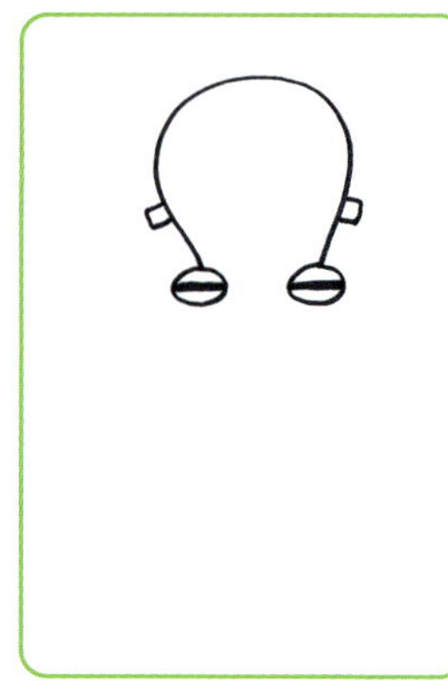

Zieht zunächst für den Mantel – den Körper des Kraken – eine gebogene Linie, die nach unten offen ist.

Zeichnet dann zwei Ovale an die Enden der gebogenen Linie. Das sind die Augen.

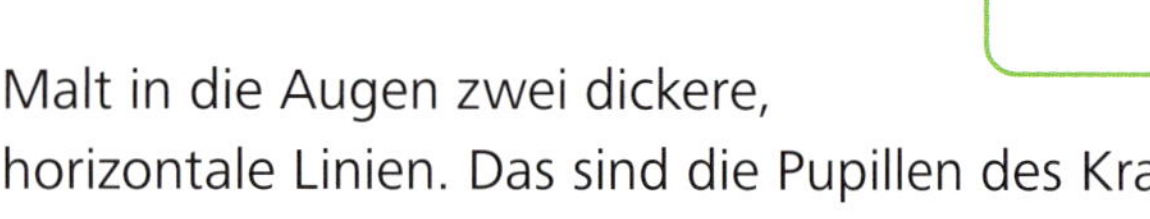

Malt in die Augen zwei dickere, horizontale Linien. Das sind die Pupillen des Kraken. Je ein kleines Kästchen links und rechts am Mantel-Körper werden die Kiemenöffnungen.

... Zeichnen und Malen auf Papier

Zeichnet nun mit einem Bleistift ganz leicht acht Arme als dünne Linien, vom Kopf ausgehend und gut verteilt, auf das Blatt. Die Arme können gerade sein, sich kringeln, nach oben oder unten hängen – ganz wie ihr möchtet.

Zieht dann um jede Armlinie eine Linie herum. Ihr ummantelt quasi die Arme, so werden richtige Tentakel daraus.

TIPP

Beginnt links am Auge, ummantelt die erste Armlinie, dann den nächsten Arm, bis hin zum achten Arm und beendet die lange Linie am rechten Auge.

Fügt einige kleine Kästchen an den Armen hinzu, das sind Saugnäpfe, die man von der Seite sieht. Ein paar Kreise in den Armen werden die Saugnäpfe, die man von vorn sehen kann.

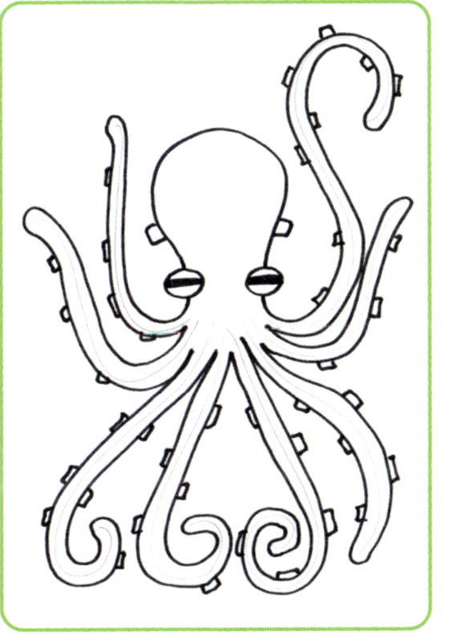

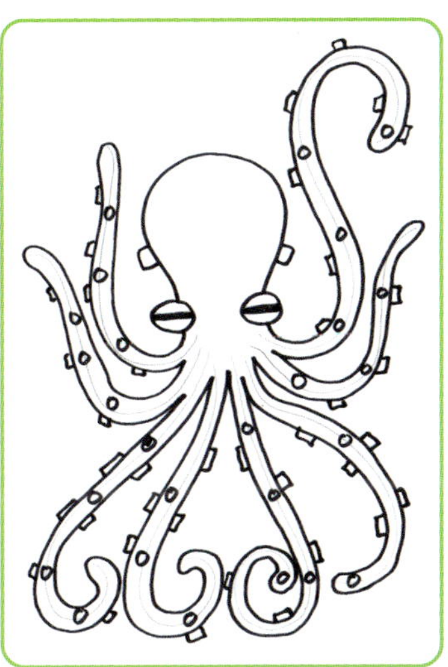

Nun könnt ihr den Kraken noch anmalen.

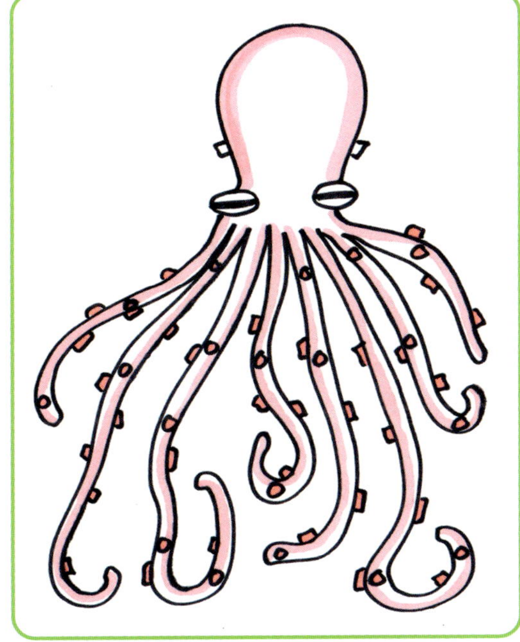

Kritzelschaf ...

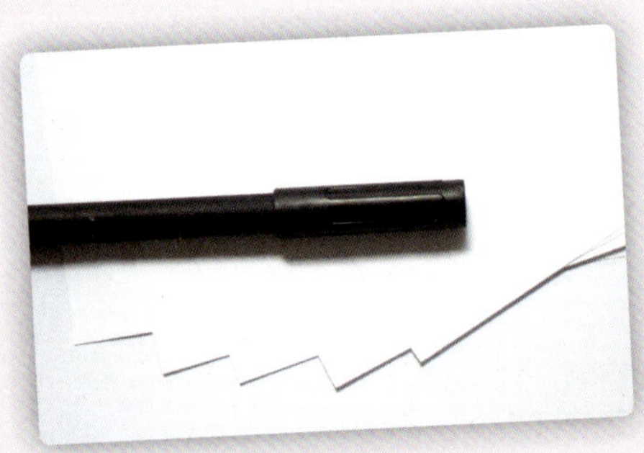

DAFÜR BRAUCHT IHR

- ○ ein Blatt Papier
- ○ einen schwarzen Stift (z. B. Filzstift, Permanent-Marker)

SO GEHT ES

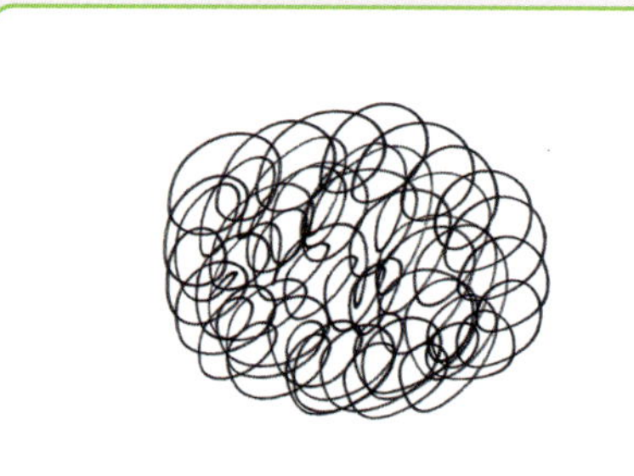

Kritzelt zunächst in kreisenden Bewegungen einen runden Fleck. Das ist der wollige Körper des Schafes.

Dann zeichnet eine gebogene Linie für den Kopf, zwei gebogene Linien für die Ohren und eine für den Schwanz. Vier gerade Linien werden zu Beinen.

Nun könnt ihr Füße einzeichnen.
Da das Schaf ein Paarhufer ist, braucht es zwei Schlaufen pro Fuß.

... Zeichnen auf Papier

Die Füße, Ohren und den Schwanz könnt ihr ausmalen, so werden die Körperteile erkennbarer.

Dann braucht das Schaf noch Augen. Zeichnet dafür zwei Kreise und in jeden Kreis einen Punkt für die Pupille.

Den Mund könnt ihr mit einem langen Strich malen.

VARIANTE FÜR EIN WENIG MEHR ZEIT

Zeichnet doch mal eine ganze Herde Schafe.

Ihr könnt daraus auch ein kleines Suchspiel machen.
Zum Beispiel: Es gibt ein trauriges Schaf in dieser Herde. Findet ihr es?

TIPP

Ihr könnt die Schafe auch auf selbstklebende Notizzettel malen und anschließend an der Wand zu einer riesigen Herde zusammenkleben.

Hin und her …

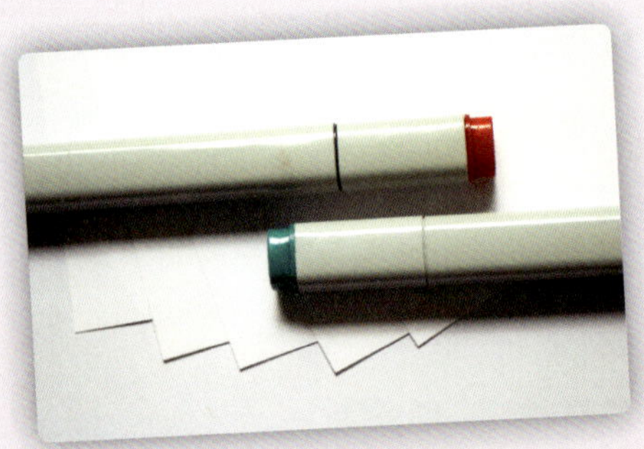

DAFÜR BRAUCHT IHR

- ◯ ein Blatt Papier
- ◯ zwei verschiedenfarbige Stifte (z. B. Filzstifte, Buntstifte)
- ◯ zwei Kinder

SO GEHT ES

Ein Kind beginnt das Spiel, indem es eine Sache auf das Blatt zeichnet. Wenn die Zeichnung fertig ist, gibt es das Blatt dem anderen Kind.

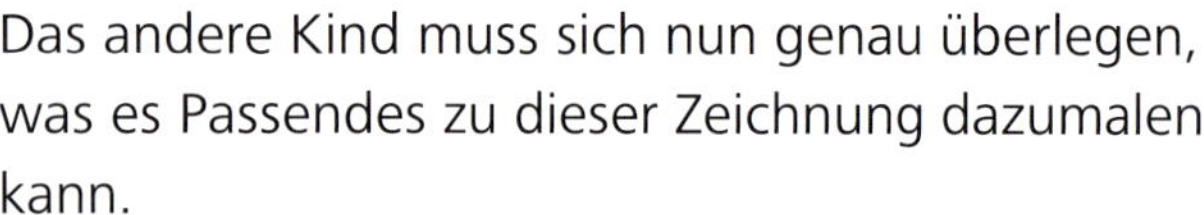

Das andere Kind muss sich nun genau überlegen, was es Passendes zu dieser Zeichnung dazumalen kann.

Dann wandert das Blatt wieder zurück.

... ein Malspiel für zwei Personen

Jedes Kind zeichnet immer wieder etwas Passendes auf das Blatt.
So entwickelt sich langsam ein Bild und manchmal auch eine Geschichte.

TIPP

Ihr könnt das Spiel auch unter Zeitdruck spielen. Jedes Kind hat zum Beispiel nur 10 Sekunden Zeit, um etwas zu zeichnen. Während das eine zeichnet, stoppt das andere die Zeit oder zählt langsam bis zehn.

VARIANTE FÜR EIN WENIG MEHR ZEIT

Ihr könnt dieses Spiel auch mit mehreren Kindern spielen. Setzt euch hierfür in einen Kreis. Dann bekommt jedes Kind ein Blatt Papier und alle zeichnen gleichzeitig eine erste Sache. Sind alle fertig, wird das Blatt an das rechts sitzende Kind weitergegeben. Nun zeichnet wieder jedes Kind eine passende Sache auf das Blatt. So geht es weiter, bis das ursprüngliche Blatt wieder zu euch zurückkehrt.

20 Rückenzeichnen ...

DAFÜR BRAUCHT IHR

- ein Blatt Papier
- einen Stift (z. B. Bleifstift, Filzstift)
- zwei Kinder

SO GEHT ES

Ein Kind sitzt am Tisch und hat Stift und Blatt zur Hand. Das andere Kind steht dahinter und überlegt sich ein einfaches Motiv.

Nun „zeichnet" das stehende Kind ganz langsam das Motiv mit dem Finger auf den Rücken des sitzenden Kindes. Dieses versucht sofort, auf dem Blatt das zu zeichnen, was es auf dem Rücken spürt.

Meist kommt etwas völlig anderes dabei heraus, aber es macht sehr viel Spaß!

... ein Malspiel für zwei Personen

Zeichnet zunächst sehr einfache Dinge auf den Rücken.
Es ist sehr schwer, etwas Gefühltes in eine direkte Zeichnung umzusetzen.

Mit etwas Übung fällt es immer leichter und ihr könnt auch komplexere Dinge zeichnen.

VARIANTE

Ihr könnt auch richtig auf dem Rücken zeichnen. Dafür braucht ihr ein zweites Blatt, welches ihr mit Klebeband auf dem Rücken befestigt. Benutzt einen Wachsmalstift – der macht das Blatt nicht kaputt und tut nicht weh.
Nun malt ihr, was ihr vorher nur mit dem Finger gezeichnet habt.
Das sitzende Kind zeichnet wieder zeitgleich mit, was es auf seinem Rücken spürt.
Hierbei könnt ihr später die Zeichnungen direkt vergleichen.

50

Mit Blatt, Stift & ein wenig mehr ...

Kunstblumen ...

DAFÜR BRAUCHT IHR

- ◯ ein Blatt Papier
- ◯ bunte Stifte (z. B. Buntstifte, Wachsmalstifte)
- ◯ eine Schere
- ◯ Klebeband-Röllchen
- ◯ Zweige

SO GEHT ES

Malt das Blatt beidseitig bunt an. Ihr könnt mit vielen Farben kritzeln, es muss gar nicht ordentlich sein. Je bunter, desto besser.

Nun schneidet die Blütenköpfe aus. Die einfachste Form sind Tulpenköpfe. Sehr einfach ist das, wenn man erst ein Oval ausschneidet und dieses dann im Zickzack mittig zerschneidet.

... Kritzeln, Schneiden und Kleben

Die Blütenköpfe könnt ihr anschließend mit einem Kleberöllchen an den Ast kleben.

Ihr könnt natürlich auch andere Blütenformen erfinden.

VARIANTE FÜR EIN WENIG MEHR ZEIT

Mit etwas mehr Zeit könnt ihr aus dem bunten Papier auch einzelne Blütenblätter ausschneiden und sie dann mit etwas Kleber wieder zusammenkleben.

Besonders hübsch sieht das aus, wenn dann noch ein Blütenstempel in Form eines Kreises aufgeklebt wird.

22 Handdruckwesen ...

DAFÜR BRAUCHT IHR

- ein Blatt Papier
- einen schwarzen Stift (z. B. Permanent-Marker, Filzstift)
- einen Pinsel
- etwas bunte Farbe (z. B. Abtönfarbe, Acrylfarbe, Fingerfarbe)
- etwas schwarze und weiße Farbe (z. B. Abtönfarbe, Acrylfarbe, Fingerfarbe)

SO GEHT ES

Malt euch mit der Farbe eine Hand an und drückt diese dann auf das Blatt Papier. Achtet darauf, dass ihr die Finger auseinanderstreckt und die Hand fest aufpresst.
Die zweite Hand kann dabei helfen.

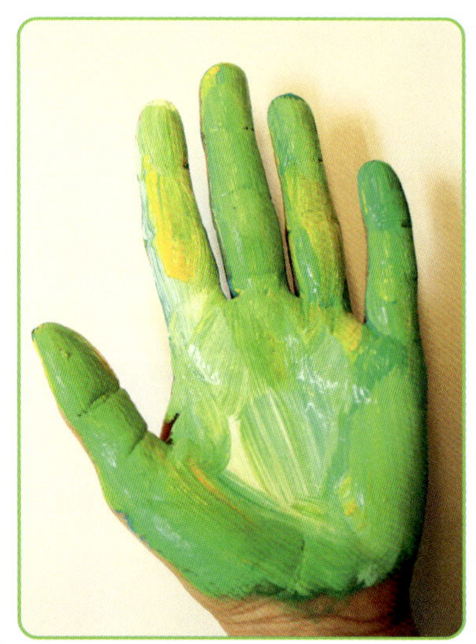

… Drucken und Zeichnen auf Papier

Nun überlegt, was für eine Gestalt aus eurem Handabdruck werden soll.

Ihr könnt die Augen mit einem Finger aufdrucken: pro Auge einen weißen Punkt und dann einen schwarzen, kleinen Punkt für die Pupille in den weißen hinein.

Während ihr eure Hand abwascht, kann der Druck trocknen.

Die Farbe muss trocken sein, wenn ihr mit dem schwarzen Stift hineinmalt.

23 Geordnetes Chaos ...

DAFÜR BRAUCHT IHR

- ein Blatt Papier
- einen schwarzen Stift (z. B. Permanent-Marker, Filzstift)
- Buntstifte
- Filzstifte
- einen Klebestift
- etwas Konfetti

SO GEHT ES

Zeichnet zunächst mit dem schwarzen Stift eine Form, zum Beispiel ein Herz, auf das Blatt.

Malt nun den Hintergrund mit den Buntstiften an. Je kritzeliger, desto besser.
Am einfachten ist es, wenn ihr zunächst vorsichtig um die Form herum malt und dann das restliche Blatt vollkritzelt.

... Zeichnen, Malen und Kleben auf Papier

Wenn ihr mit den Buntstiften alles vollgekritzelt habt, malt noch ein bisschen mit den Filzstiften in das Bild hinein.

Nun bekommt das Chaos noch etwas Besonderes. Klebt ein paar Konfetti in das bunte Treiben und schon ist das geordnete Chaos fertig.

Was für andere Motive fallen euch noch ein?

Sie sollten nicht zu aufwändig sein, damit das Ummalen nicht zu schwer wird.

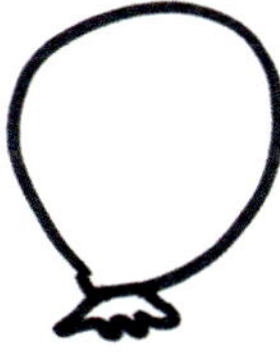

VARIANTE FÜR EIN WENIG MEHR ZEIT

Ihr könnt auch mehrere Formen auf ein Blatt malen und euch ein Farbthema wählen.

Steintiere …

DAFÜR BRAUCHT IHR

- ein Blatt Papier
- einen schwarzen Stift (z. B. Filzstift, Permanent-Marker)
- einen oder mehrere Steine
- einen dünnen Pinsel
- etwas weiße und schwarze Farbe (z. B. Abtönfarbe, Acrylfarbe)
- eine Kamera

SO GEHT ES

Überlegt, was für ein Tier aus dem Stein werden könnte, und malt dann das Auge an die richtige Stelle. Dafür malt zunächst einen weißen Punkt auf den Stein und dann einen schwarzen Punkt für die Pupille in den weißen Punkt hinein.

Legt den Stein auf das Blatt Papier und malt mit dem schwarzen Stift, was euer Tier noch braucht.

... Legen, Zeichnen, Malen und Fotografieren

Ihr könnt auch auf den Stein malen, wenn es nötig ist.

Sobald euer Steintier fertig ist, könnt ihr ein Foto von ihm machen.

VARIANTE

Falls ihr Wackelaugen zur Hand habt, könnt ihr auch diese benutzen und somit etwas Zeit einsparen.

TIPP

Falls ihr nicht nur ein Foto machen möchtet, sondern ein haltbares Bild, benutzt etwas festeres Papier oder Pappe und klebt den Stein mit Heißkleber auf.

Sonnenblume ...

DAFÜR BRAUCHT IHR

- ein Blatt Papier
- einen schwarzen Stift (z. B. Filzstift, Permanent-Marker)
- einen dicken Pinsel
- etwas gelbe Farbe (z. B. Acrylfarbe, Fingerfarbe, Abtönfarbe)

SO GEHT ES

Streicht euch mit dem Pinsel die gelbe Farbe auf eine Handinnenfläche.

Achtet darauf, dass ihr die Farbe nicht zu dick, aber auch nicht zu dünn auftragt. Sie darf nicht tropfen, aber auch nicht trocknen.

Dann macht den ersten Druck. Streckt dabei die Finger weit auseinander. Für den nächsten Druck verschiebt die Hand um eine viertel Drehung im Kreis. Der Handteller drückt immer in der Mitte.

Wenn die Farbe nicht mehr ausreicht, malt die Hand einfach noch einmal an.

... Drucken und Zeichnen auf Papier

Es braucht vier oder fünf Drucke, dann ist die Blüte fertig.

Während ihr euch die Hände wascht, kann die Sonnenblumenblüte trocknen.
Die Farbe muss trocken sein, bevor ihr mit dem schwarzen Stift einen Stängel, Blätter und eventuell Kerne hinzumalt.

TIPP

Ihr könnt mit übrig gebliebenen Restfarben Blüten in vielen Farben drucken.

VARIANTE

Wenn ihr eure Hände nicht anmalen möchtet, könnt ihr auch eine Hand mit dem schwarzen Stift ummalen. Dreht die Hand 5-mal um die Mitte herum. So entsteht die Blüte.
Danach malt die Blüte mit dem Pinsel gelb aus.

IDEE

Nehmt euch ein Stück Tapetenrolle und benutzt die Rückseite. Die Tapetenrolle hat genau die richtige Höhe für eine Blume und ist so lang, dass viele Blumen nebeneinander gedruckt werden können. Wenn jedes Kind eine Blume druckt, entsteht eine lange, bunte Blumenwiese.

Steinwürmchen ...

DAFÜR BRAUCHT IHR

- ◯ ein Blatt Papier
- ◯ einen schwarzen Stift (z. B. Filzstift, Permanent-Marker)
- ◯ einige kleine Steine
- ◯ Wackelaugen
- ◯ eine Kamera

SO GEHT ES

Legt die Steine so nebeneinander, dass immer einer den nächsten berührt.
Platziert an einer Seite den Kopfstein.
Legt dann die beiden Wackelaugen auf den Kopfstein.
Nun zeichnet mit dem schwarzen Stift ein Paar lustige Fühler an den Kopfstein.
Schon ist das Steinwürmchen fertig für seinen Fototermin.

… Legen, Zeichnen und Fotografieren

Was für Formen fallen euch für den Körper des Würmchens ein?

Ihr könnt euch auch Aufgaben stellen.
Zum Beispiel: Wer kann das längste oder lustigste Würmchen legen?

IDEE

Der erweiterbare Wurm:
Beginnt mit einem Würmchen, das an der Blattseite endet. Macht ein Foto, druckt es aus und hängt es auf. Ab nun können Körper gelegt werden, die immer von der linken bis zur rechten Seite des Blattes laufen. Jedes Foto kann immer weiter angelegt werden, bis ihr ein Ende schafft.

VARIANTE FÜR EIN WENIG MEHR ZEIT

Wenn noch etwas mehr Zeit bleibt, könnt ihr aus dem Würmchen auch eine lustige Raupe machen, indem ihr an jedes Körpersegment noch zwei Beine malt.

TIPP

Wenn ihr ein Steinwürmchen-Bild haltbar machen möchtet, benutzt ein festeres Papier oder eine Pappe als Untergrund und klebt die einzelnen Steine mit Heißkleber auf.

Watteschaf ...

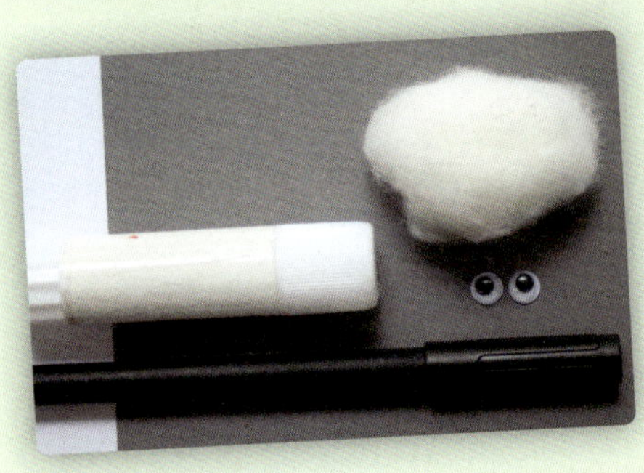

DAFÜR BRAUCHT IHR

- ◯ ein farbiges Blatt Papier (z. B. Tonpapier)
- ◯ einen schwarzen Stift (z. B. Filzstift, Permanent-Marker)
- ◯ zwei Wackelaugen
- ◯ einen Wattebausch
- ◯ einen Klebestift

SO GEHT ES

Zeichnet zunächst ein schräg liegendes Oval auf das Blatt. Das wird der Kopf.

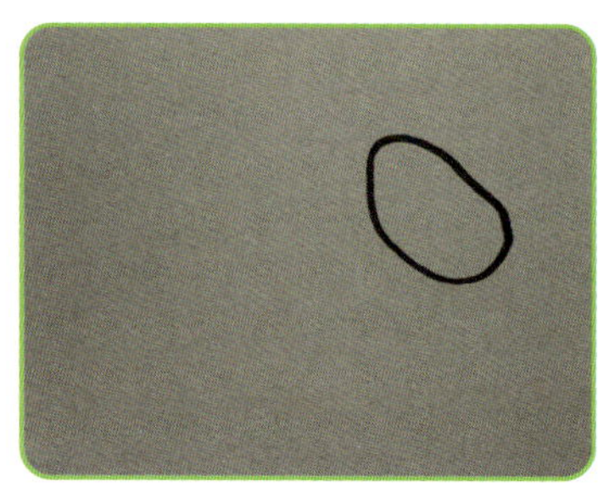

Malt links und rechts an den Kopf zwei Schlaufen. Das sind die Ohren.

... Zeichnen und Kleben auf Papier

Nun könnt ihr die Wackelaugen aufkleben und zwei kleine Punkte für die Nüstern malen.

Klebt die Watte auf. Sie wird der flauschige Körper.

Zeichnet noch vier Striche als Beine und jeweils eine Doppelschlaufe als Füße sowie den Schwanz und fertig ist das Schaf.

VARIANTE

Wenn ihr Kopf und Ohren schwarz ausmalt, sieht das Schaf aus wie ein berühmtes Schaf aus dem Fernsehen. Erkennt ihr es?

TIPP

Die Wattebäusche gibt es auch in rosa und blau. Damit könnt ihr Schafe in vielen Ausführungen erschaffen.

3D-Bild ...

DAFÜR BRAUCHT IHR

- ◯ ein Blatt Papier
- ◯ etwas farbiges Tonpapier
- ◯ einen Klebestift
- ◯ eine Schere
- ◯ einen schwarzen Stift (z. B. Filzstift, Permanent-Marker)
- ◯ Abstandhalter (z. B. Korkenstücke)

SO GEHT ES

Zeichnet zuerst den Luftballon mit dem schwarzen Stift auf das farbige Tonpapier. Schneidet dann grob um die Zeichnung herum, sodass die Linie noch gut zu sehen ist.

Klebt nun den Abstandhalter auf die Rückseite und anschließend den ganzen Luftballon auf das weiße Blatt Papier.

Zuletzt könnt ihr noch eine Schnur an den Ballon zeichnen.

... Zeichnen, Schneiden und Kleben auf Papier

Ihr könnt alle möglichen Formen zu 3D-Bildern verarbeiten. Je einfacher die Form, desto einfacher ist das Ausschneiden.

Herzen eignen sich gut oder ein paar ganz einfache Kreise, die zu Blumen werden.

Versucht mal, kleine Geister zu kreieren.

TIPP

Wenn jedes Kind einen Geist erfindet und auf ein gemeinsames Blatt klebt, tobt bald eine lustige Geisterparty.

29 Fingerabdruck-Tierchen ...

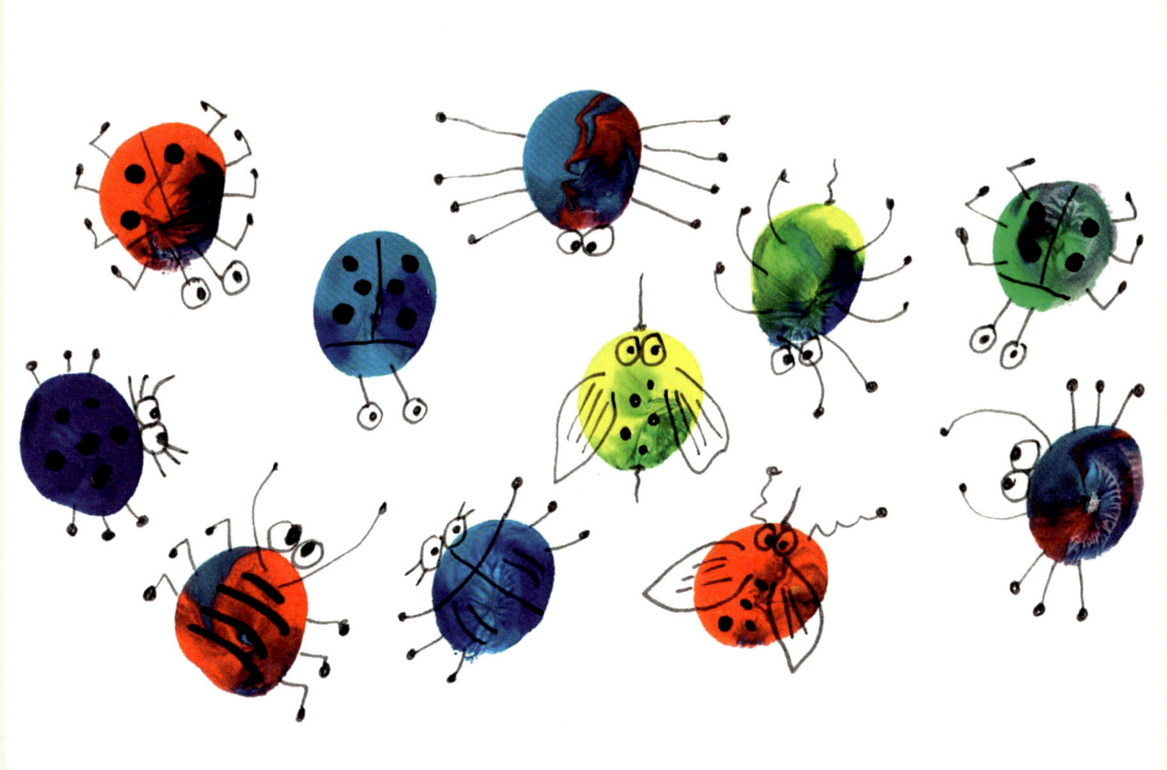

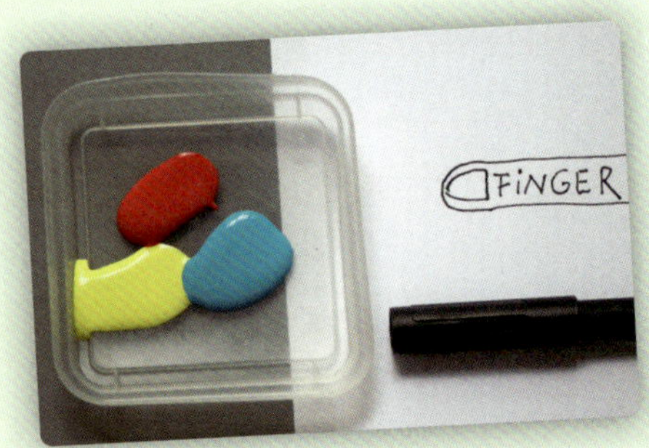

DAFÜR BRAUCHT IHR

- ein Blatt Papier
- etwas bunte Farbe (z. B. Acrylfarbe, Fingerfarbe, Abtönfarbe)
- einen schwarzen Stift (z. B. Filzstift, Permanent-Marker)
- einen Finger

SO GEHT ES

Tupft den Finger in die Farbe und macht vorsichtig ein paar Abdrücke auf dem Blatt. Lasst etwas Platz zwischen den Drucken, damit ihr genügend Raum für die Zeichnungen habt.

Sobald die Drucke trocken sind, könnt ihr sie mit dem schwarzen Stift in kleine Krabbelkäfer, Fische, Vögel, Spinnen und vieles mehr verwandeln. Zeichnet einfach Augen, Beinchen, Fühler, Stachel, Rüssel, Flügel, und alles, was euch sonst noch einfällt.

... Drucken und Zeichnen auf Papier

Was für Tierchen fallen euch ein?

Könnt ihr neue Tierchen erfinden?

VARIANTE FÜR EIN WENIG MEHR ZEIT

Wenn ihr ein wenig mehr Zeit habt, könnt ihr auch eine ganze Reihe von Abdrücken hintereinandersetzen und zum Beispiel eine Raupe mit vielen Beinen entstehen lassen.

TIPP

Wenn ihr eure Finger nicht in die Farbe tunken möchtet, könnt ihr zum Drucken auch einen Korken benutzen.

30 Blätterabdruck-Frottage ...

DAFÜR BRAUCHT IHR

- ◯ ein Blatt Papier
- ◯ Stifte (z. B. Buntstifte, Bleistift)
- ◯ Pflanzen-Blätter

SO GEHT ES

Legt das Pflanzen-Blatt mit den Blattadern nach oben unter das Blatt Papier.

Versucht, es mit einer Hand festzuhalten, während ihr mit der anderen Hand darübermalt.

Es sollte möglichst nicht verrutschen. Haltet den Stift beim Drübermalen ganz schräg, so funktioniert es am besten.

... Abdrucken und Zeichnen auf Papier

TIPP

Ihr könnt einen solchen Abruck mit allen möglichen flachen Dingen machen.
Versucht es zum Beispiel einmal mit Münzen.

VARIANTEN FÜR EIN WENIG MEHR ZEIT

Ich könnt euch euer eigenes Spielgeld basteln, indem ihr von beiden Seiten einer Münze einen Abdruck macht, diese ausschneidet und zusammenklebt.

Mit einem zusätzlichen schwarzen Stift könnt ihr auch ganze Bilder durch Abdrücke und Zeichnung erschaffen.

Blätterwesen ...

DAFÜR BRAUCHT IHR

- ◯ ein Blatt Papier
- ◯ einen schwarzen Stift (z. B. Filzstift, Permanent-Marker)
- ◯ ein Pflanzen-Blatt
- ◯ zwei Wackelaugen oder zwei weiße Konfetti
- ◯ eine Kamera

SO GEHT ES

Sucht euch ein schönes Pflanzen-Blatt aus und legt es vor euch auf das Blatt Papier hin.

Platziert die Augen auf dem Pflanzen-Blatt. Ihr könnt Wackelaugen nehmen oder zwei Konfetti aus einem Locher, auf die ihr einen schwarzen Punkt als Pupille malt.

... Legen, Zeichnen und Fotografieren

Zeichnet nun Arme, Beine, Fühler und was euch sonst noch alles dazu einfällt.
Wenn das Wesen fertig ist, könnt ihr ein Erinnerungsfoto machen.

Wer erfindet das lustigste Wesen?

VARIANTEN FÜR EIN WENIG MEHR ZEIT

Mit etwas mehr Zeit könnt ihr die Blätter erst einmal selbst suchen gehen.
Auch könnt ihr versuchen, aus mehreren Blättern ein Wesen zusammenzulegen.

TIPP

Wenn ihr solche Bilder haltbar machen möchtet, solltet ihr die Blätter vorher pressen und später aufkleben.

32 Drahtfiguren ...

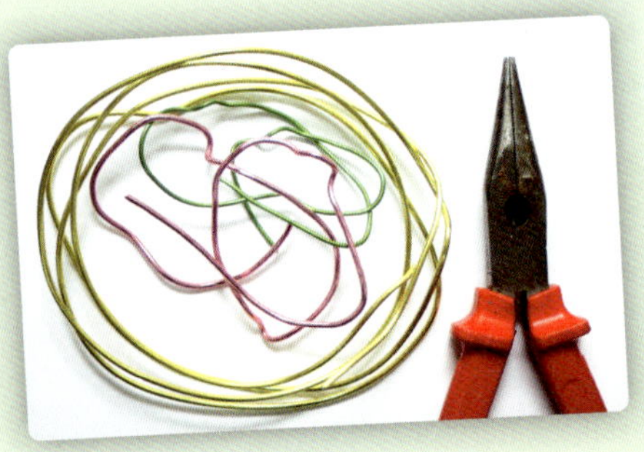

DAFÜR BRAUCHT IHR

- leicht formbaren Aluminium-Draht
- evtl. eine Zange zum Kürzen

SO GEHT ES

Aluminium-Draht ist sehr weich, sodass man ihn wunderbar mit den Fingern biegen kann.

Versucht zunächst, einfache Formen zu biegen, wie zum Beispiel ein Herz.
Die Enden des Drahts könnt ihr anschließend miteinander verdrehen. Fertig ist ein Herz am Stiel, das man überall hineinstecken kann.

... Formen

Mit ein bisschen Übung ist das Biegen des Drahtes wie das Malen eines Bildes mit nur einem Strich.

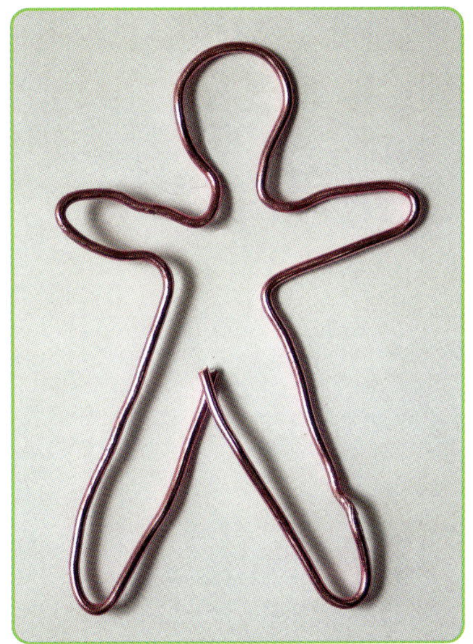

Was für Formen fallen euch noch ein?

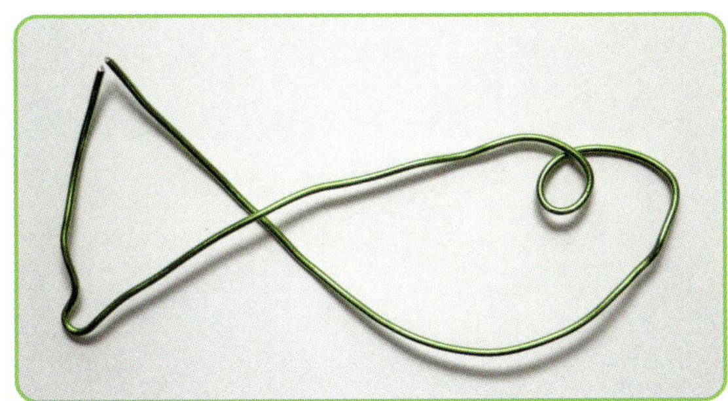

Steinherzen ...

DAFÜR BRAUCHT IHR

- ◯ einen Stein
- ◯ einen schwarzen, wasserfesten Stift (z. B. Permanent-Marker)
- ◯ etwas rote Farbe (z. B. Acyrlfarbe)
- ◯ einen dünnen Pinsel

SO GEHT ES

Zeichnet zunächst mit dem Stift das Herz auf den Stein.
Nun könnt ihr das Herz mit dem Pinsel und der Farbe füllen.
Fertig ist das hübsche Steinherz.
Mit wasserfestem Stift und Acrylfarbe ist es eine Zeit lang wetterfest.

... Zeichnen und Malen auf Stein

VARIANTEN FÜR EIN WENIG MEHR ZEIT

Natürlich könnt ihr auch ganz andere Formen aufmalen und viel mehr Farben verwenden.

Ihr könnt auch andersherum vorgehen. Bemalt zunächst den Stein und wenn er getrocknet ist, malt mit dem schwarzen Stift darauf.

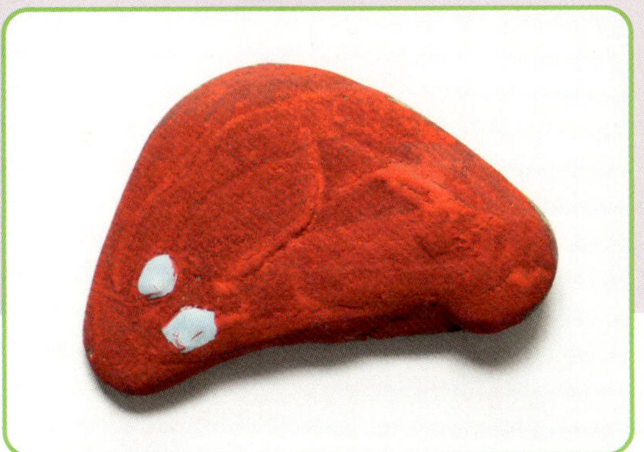

Farbflecken ...

DAFÜR BRAUCHT IHR

- ◯ ein Blatt Papier
- ◯ etwas Farbe (z. B. Acyrlfarbe, Abtönfarbe)
- ◯ einen Pinsel
- ◯ evtl. einen schwarzen Stift (z. B. Filzstift, Permanent-Marker)

SO GEHT ES

Knickt das Blatt in der Mitte und öffnet es wieder.
Verteilt dann etwas Farbe auf einer Seite. Streicht die Farbe nicht, sondern gebt Kleckse auf das Blatt, sonst trocknet sie zu schnell.
Klappt nun das Blatt zu und verstreicht mit einem Finger die Farbe in der Innenseite.

Öffnet das Blatt wieder und fertig ist der Farbfleck.

VARIANTEN FÜR EIN WENIG MEHR ZEIT

Wenn der Farbfleck getrocknet ist, könnt ihr versuchen, ihm einen Sinn zu geben.

Erkennt ihr etwas in dem Fleck?

Mit dem schwarzen Stift könnt ihr in den Fleck hineinmalen.

Mit etwas Übung findet ihr heraus, was ihr machen müsst, um einzelne Flecken oder einen Gesamtflecken zu erstellen.

Graffiti-Schrift ...

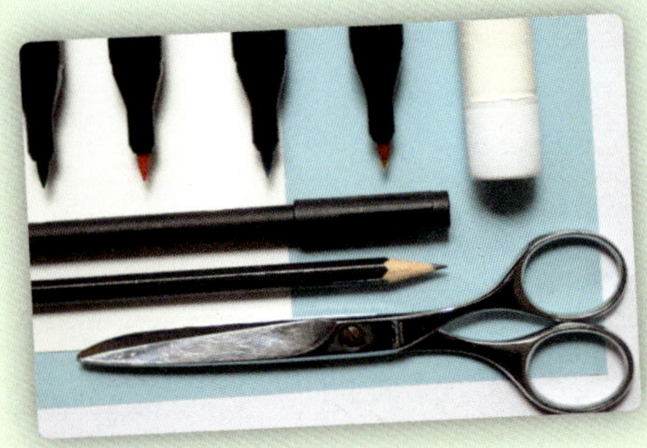

DAFÜR BRAUCHT IHR

- ein weißes Blatt Papier
- ein farbiges Blatt Papier (z. B. Tonpapier)
- einen Bleistift
- farbige Filzstifte
- eine Schere
- einen Klebestift

SO GEHT ES

Schreibt zunächst euren Namen mit dem Bleistift auf ein weißes Blatt Papier. Lasst etwas mehr Platz zwischen den Buchstaben als normal.

Ummalt jeden Buchstaben mit einem Filzstift, dadurch werden die Buchstaben dick.

Nun könnt ihr die dicken Buchstaben knallbunt ausmalen.

Schneidet dann sehr grob um den Namen herum, sodass ein Rand aus weißem Papier stehen bleibt. Klebt die Namensblase auf ein farbiges Papier und fertig ist euer Namensgraffiti.

Probiert es doch auch einmal andersherum. Malt statt des Namens den Hintergrund bunt an.

TIPP

Jedes Kind designt einen Buchstaben und später kann daraus das Abc oder zum Beispiel der Klassenname zusammengesetzt werden.

Sandbild ...

DAFÜR BRAUCHT IHR

- ein Blatt Papier
- flüssigen Kleber
- etwas Sand

SO GEHT ES

Zieht mit dem Flüssigkleber eine Form auf eurem Blatt.
Ihr zeichnet quasi mit dem Kleber.
Mit ein bisschen Übung könnt ihr die Klebermenge bald gut dosieren. Es sollte nicht zu viel und nicht zu wenig sein.

Nun schüttet den Sand darüber.

Hebt das Bild langsam an und lasst den Sand herunterrieseln.
Er wird am Kleber haften bleiben und kann nun trocknen.

... Kleben auf Papier

Versucht es anfangs mal mit sehr einfachen Figuren.
Ein Wirrwarr ist sehr simpel.

Am einfachsten sind Bilder, die aus einer Linie bestehen und bei denen ihr den Kleber nicht absetzen müsst.

Mit etwas Übung gelingen auch Kreise oder Herzen.

VARIANTE

Wenn ihr schon etwas geübt seid und den Kleber gut kontrollieren könnt, versucht doch mal, eine Sandburg zu kleben.

Kohlezeichnung ...

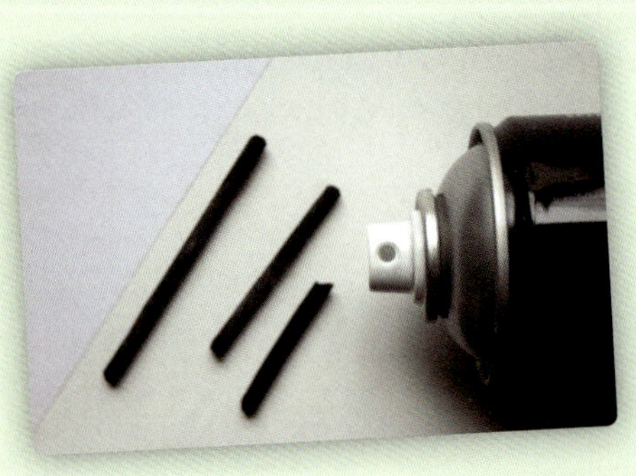

DAFÜR BRAUCHT IHR

- ein Blatt Papier
- ein Stück Kohle
- Haarspray

SO GEHT ES

Zeichnet mit der Kohle einen Kreis auf das Papier.

Verschmiert nun mit dem Finger die Kohle von der gezeichneten Linie ins Innere des Kreises.

Wenn ihr einmal rundherum geschmiert habt, sieht der Kreis wie eine dreidimensionale Kugel aus.

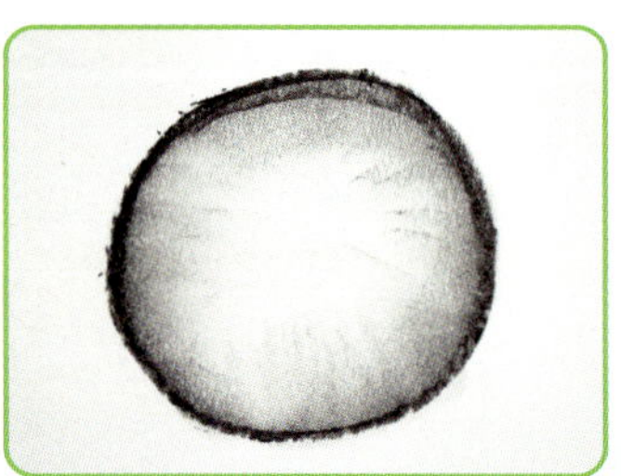

Damit die Kohle nicht weiter verschmiert, könnt ihr etwas Haarspray über das Bild sprühen.
Das klebt die Kohle am Papier fest.

… Zeichnen auf Papier

Schmieren kann man in beide Richtungen. Einmal in die Form hinein, dann wird diese etwas dreidimensionaler.

Oder von der Form nach außen weg. Dann wirkt die Form wie ein Ausschnitt.

VARIANTE FÜR EIN WENIG MEHR ZEIT

Vielleicht findet ihr für eure Form noch einen Sinn und versucht, diesen zeichnerisch zu zeigen.

Aus zwei Strichen wird zum Beispiel eine Röhre. Durch die Röhre läuft eine Maus.

Blumenwiese ...

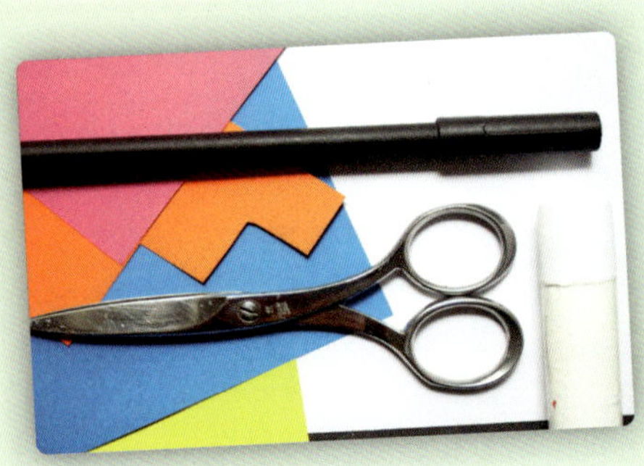

DAFÜR BRAUCHT IHR

- ein weißes Blatt Papier
- etwas farbiges Papier (z. B. Tonpapier)
- einen schwarzen Stift (z. B. Filzstift, Permanent-Marker)
- eine Schere
- einen Klebestift

SO GEHT ES

Schneidet zunächst aus dem farbigen Papier zwei unterschiedlich große Kreise aus. Wenn diese nicht ganz rund sind, ist das überhaupt nicht schlimm.

Klebt erst den größeren Kreis auf das weiße Papier und dann den kleineren in den größeren hinein.

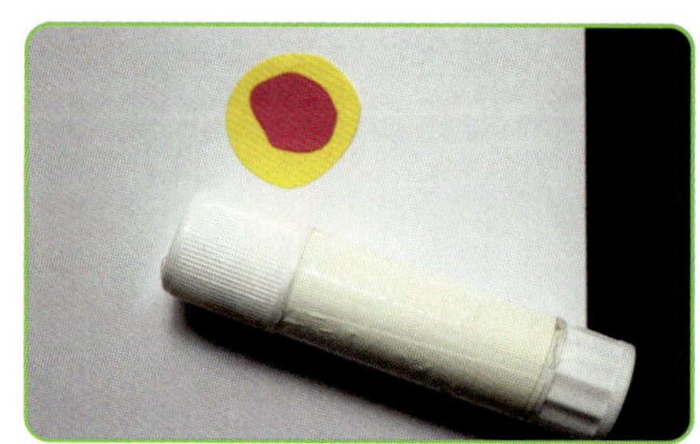

... Schneiden, Kleben und Zeichnen auf Papier

Nun könnt ihr mit dem schwarzen Stift die Blütenblätter und den Stängel dazumalen.

Fertig ist die Blume.

VARIANTEN FÜR EIN WENIG MEHR ZEIT

Wenn ihr etwas mehr Zeit habt, könnt ihr auch mehrere Blumen machen.

Schön ist es auch, wenn ihr statt der zwei Kreise mehrere Kreise ausschneidet und sie alle der Größe nach aufklebt.

Oder malt der Blume noch etwas mehr hinzu, zum Beispiel ein paar Blätter oder etwas Gras.

VARIANTE

Klebt die beiden Punkte übereinander auf und überlegt euch, was daraus noch werden könnte. Statt des Stempels einer Blume könnte es vielleicht auch ein Auge sein?

Habt ihr noch mehr Ideen?

39 Gespensterchen ...

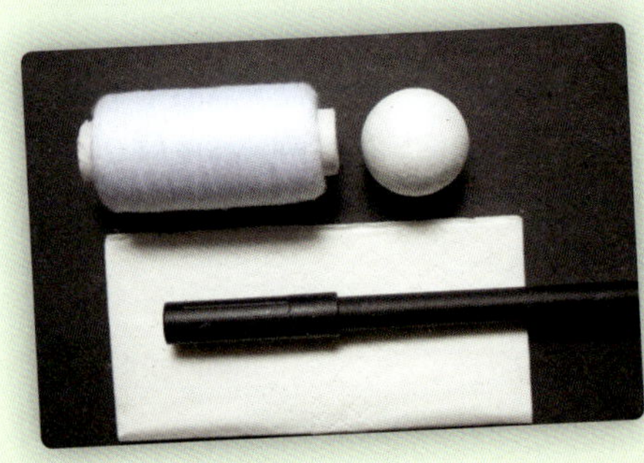

DAFÜR BRAUCHT IHR

- ○ ein Taschentuch
- ○ etwas Leichtes in runder Form (z. B. eine Styroporkugel)
- ○ ein Stück weißen Faden
- ○ einen schwarzen Stift (z. B. Filzstift, Permanent-Marker)

SO GEHT ES

Legt die Styroporkugel in die Mitte des Taschentuches.
Rafft das Taschentuch um die Kugel zusammen und dreht es leicht.

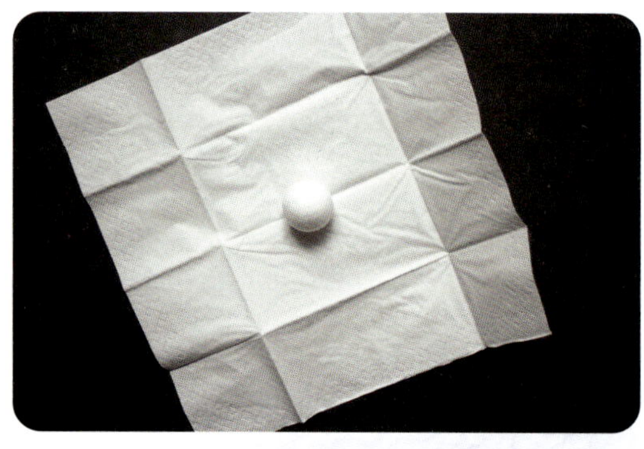

... Basteln mit einem Taschentuch

Legt den Faden um den Hals, dreht ihn ein paar Mal darum und versucht, die beiden Enden miteinander zu verknoten.

Malt mit dem schwarzen Stift zwei Punkte auf den Kopf. Das sind die Gespensteraugen.

Die Gespensterchen können sitzen, aber auch fliegen. Dafür hängt sie einfach an dem Halsfaden irgendwo auf.

Wortspiel ...

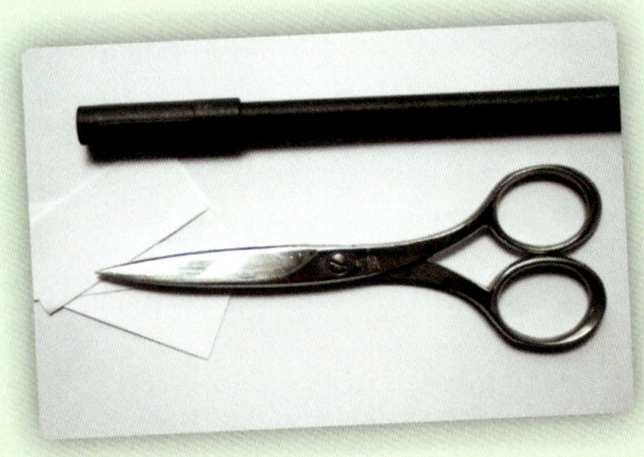

DAFÜR BRAUCHT IHR

- ◯ ein Blatt Papier zum Zerschneiden
- ◯ eine Schere
- ◯ ein Blatt Papier zum Zeichnen
- ◯ einen schwarzen Stift (z. B. Filzstift, Permanent-Marker)

SO GEHT ES

Schneidet zunächst ein paar kleine Zettel zurecht und schreibt auf jeden einen Begriff. Achtet darauf, dass sie nicht zu schwer zu malen sind.

Nun dreht alle Zettel um, sodass ihr sie nicht lesen könnt.

Jetzt zieht euch einen Zettel und malt den Begriff auf das Blatt.

... Wörter zeichnen

Dann zieht euch einen zweiten Begriff und malt ihn so auf das Blatt, dass es zum ersten Begriff einen Sinn ergibt oder von der Größe passt.

Nun kommt der dritte Begriff. Ihr könnt so viele Begriffe aufdecken, wie ihr möchtet.

Interessant ist es, wenn ihr dieselben Begriffe noch einmal malt, aber in einer anderen Reihenfolge. Dreht dafür die Zettel einfach wieder um und beginnt von vorn.

Da man meist den ersten Begriff groß in die Mitte malt, ergeben sich immer andere Relationen.

TIPP

Die Zettel könnt ihr für das nächste Spiel aufheben, so kann das Spiel dann sofort beginnen.

VARIANTE FÜR EIN WENIG MEHR ZEIT

Zeichnet doch mal so viele Begriffe, wie auf das Blatt passen.

TIPP

Ihr könnt das Spiel auch mit mehreren Kindern gleichzeitig spielen. Immer ein Kind deckt einen Begriff auf, liest ihn vor und alle zeichnen ihn. Dann deckt das nächste Kind einen Begriff auf. Das Spiel geht so lange, bis alle einen Begriff aufgedeckt haben. Vergleicht mal eure Bilder – das ist spannend.

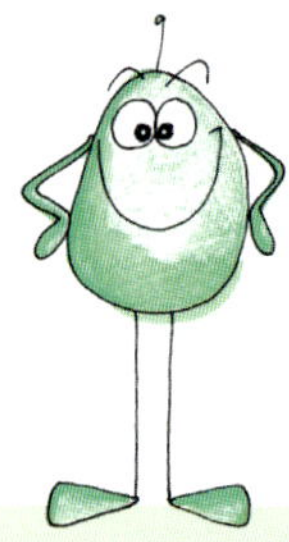

Noch eine letzte Idee …

DAFÜR BRAUCHT IHR

- ein Blatt Papier
- Stifte (z. B. Buntstifte)
- einen Permanent-Marker

SO GEHT ES

Malt mit dem Permanent-Marker ein Bild. Das Bild sollte viele kleine Flächen haben, die später ausgemalt werden können.

Malen könnt ihr alles, was euch einfällt, ein Bild mit Sinn oder auch einfach nur Muster.

... Ausmalbild entwerfen

Ihr könnt das Bild selbst ausmalen. Es macht allerdings mehr Spaß, das Bild mit einem anderen Kind zu tauschen und das fremde Bild auszumalen.

Lasst euch überraschen, wie ein anderes Kind euer Bild ausmalt. Hättet ihr die gleichen Farben genommen?

TIPP

Wenn ihr noch Zeit und Lust habt, macht ein Puzzle aus eurem Bild wie im folgenden Angebot.

Noch eine allerletzte Idee …

DAFÜR BRAUCHT IHR

- ◯ ein Blatt Papier
- ◯ eine Schere
- ◯ einen Permanent-Marker
- ◯ Stifte (z. B. Buntstifte)

SO GEHT ES

Malt einfach ein Bild.
Am besten nehmt ihr dafür einen Permanent-Marker. Zeichnet alles vor und malt es dann aus.

Ihr könnt aber auch ein Bild nehmen, das schon fertig ist.

Gut wäre es, wenn das Bild nicht zu viele große, weiße Stellen hat.

... Puzzlebild

Nun zerschneidet das Bild in ein paar Teile. Zu Anfang empfiehlt sich, es in Rechtecke und nicht zu klein zu schneiden.

Versucht mal, dieses Puzzle wieder zusammenzusetzen.

Ist es zu einfach, könnt ihr es noch etwas mehr zerschneiden.

TIPP

Es ist wesentlich schwieriger, ein fremdes Puzzlebild zu legen. Tauscht einfach euer Puzzle mit dem eines anderen Kindes.

Danksagung

Ein herzliches „Dankeschön" an die Kinder meiner Kunstschule „Raum für Kunst", die immer wieder meine Ideen auf Tauglichkeit und Spaßfaktor prüfen und kindlich wahrheitsgemäß mitteilen, wenn etwas laaaangweilig ist.

Ganz lieben Dank an Sabine, meine liebe Freundin und beste Grundschullehrerin, die sich die Zeit genommen hat, die Ideen aus Lehrerinnensicht durchzuschauen und auszusortieren.

Und wie immer ein großes „Dankeschön" an die Mitarbeiter*innen des Verlags an der Ruhr. Wenn doch alles so einfach wäre und so viel Spaß machen würde, wie mit euch ein Buch zu schreiben.

Danke!